Nkem Nwankwo · Mein Mercedes ist größer als deiner

Nkem Nwankwo

Mein Mercedes ist grösser als deiner

Aus dem Englischen
von
Gerhard Böttner

Marino
Verlag

Die Deutsche Bibliothek – CIP-Einheitsaufnahme

Nwankwo, Nkem:
Mein Mercedes ist größer als deiner / Nkem Nwankwo.
Aus dem Engl. von Gerhard Böttner. - München :
Marino Verl., 1994
Einheitssacht.: My Mercedes is Bigger Than Yours ‹dt.›
ISBN 3-927527-62-9

Herstellung: dm druckmedien GmbH, München
Druck & Bindung: Gorenjski tisk, Kranj

Umschlagsillustration & -gestaltung: Juliane Steinbach

Marino Verlag · Theresienstr. 40 · 80333 München
Bitte fordern Sie unverbindlich unser Gesamtverzeichnis an.

I.
Die Wurzeln, die dich halten

1

Es war einmal ein junger Mann, der genoß die Annehmlichkeiten eines neuen Wagens. Er dachte, es gebe wirklich Gründe, wenn ein Wagen gleichsam von selbst zu fahren oder auf irgendeinen unbestimmten Reiz unabhängig vom Fahrer zu reagieren schien. Natürlich gab es auch Augenblicke, wo er ihn verfluchte, nämlich wenn das Gefährt ohne besonderen Grund winselte und schnaubte, genauso aber auch Augenblicke himmlischer Zufriedenheit, wenn es auf dem Kamm einer nicht greifbaren Welle trieb.
Es war, als wenn man sich in eine Frau versenkt. Ein Teil der Zeit geht drauf mit ungeschickter Rammelei, dem nichtigen Bemühen, die richtige Stellung und den geeigneten Rhythmus zu finden. Es gibt aber auch Augenblicke einer vollkommenen Synchronität der Glieder, die sich ohne jede Anstrengung einstellt. Dann stellt sich auch die Kraft ein, und die beiden Körper verschmelzen dank irgenwelcher geheimnisvoller Alchimie des Blutes zu einem einzigen Verlangen und Explosionen der Lust in gezeitenhaften Wogen, die ihren Ursprung in Impulsen haben, die genauso geheimnisvoll sind wie sie selber launisch.
Auf gleiche Weise kommt es zu Momenten vollkommener körperlicher und gefühlsmäßiger Übereinstimmung mit einem Wagen, sagte sich der junge Mann, und dies anscheinend besonders häufig, wenn der Wagen neu ist. Hätte er allerdings länger darüber nachgedacht, wäre er sicherlich dahintergekommen, daß das ungleichmäßige

Verhalten des Wagens mit der Ungleichmäßigkeit der Straße zusammenhing. Denn wie die meisten vorwärtsdrängenden Länder baute auch seines die Straßen ruckweise, denn stets setzen knappe Mittel enge Grenzen. Magere Jahre und habgierige Straßenbauer, denen dicke Profite mehr bedeuteten als die Bequemlichkeit der Benutzer ihrer Straßen, waren für die holprigen Todesfallen verantwortlich, die sich hinter ihrem Produkt verbargen, wogegen die selteneren Abschnitte glatten Asphalts die Früchte von Zeiten des Überflusses waren.
Bald würde er zu Hause sein. Schon huschten vertraute Zeichen vorüber: dann und wann Gruppen riesiger Bäume, die Szenerie der Kindheitseskapaden, aus Holz errichtete Läden und Bordelle dort, wo – wie er sich zu erinnern meinte – einmal weite Grasflächen und freundliche Bäume gewesen waren. So abgebrüht der junge Mann auch war – oder zu sein glaubte –, der Anblick der Lichtung im Wald, in der er sein Zuhause wiedererkannte, berührte ihm immer wieder tief. Ungewollt stimmte er eine Lobeshymne auf die Heimat an. Der Gesang, die Heiterkeit des Geistes und die mühelose Fahrt in dem irren Zwielicht trieben ihm fast Tränen in die Augen. Er winkte ein paar Kindern zu, die am Straßenrand nach etwas buddelten. Daß sie nackt und schmutzig waren, übersah er. Er nahm sie nur durch den Nebel seines Glücksgefühls wahr. Meine Leute! Mein Land! dachte er. Sein Wohlbefinden schien das Omen einer glücklichen Heimkehr zu sein.

2

Im Haushalt Udemezue Okudos, des Patriarchen, war alles in Bewegung. Dadurch, daß der Alte viel früher aufgestanden war als sonst, hatte er das Tempo bestimmt. »He, könnt ihr die Sonne nicht sehen?« hatte er über die Hüttenwände seiner fünf Frauen hinweg gerufen. Die ersten, die seinem Ruf folgten, waren die Kinder, die herausgekrochen kamen, um die Kuh loszubinden, die zu Ehren des seit einigen Jahren in Lagos lebenden Bruders Onuma geschlachtet werden sollte. Unterstützt von vielen hilfsbereiten Nachbarshänden wurde die Kuh aus einem nahen Wäldchen, wo sie geweidet hatte, in Okudos Gehöft getrieben und an einem Baum festgebunden. Und schon umringten die Kinder sie und schnitten Fratzen. Aber es gab ein Problem: Wer sollte die Kuh schlachten? Das Schlachten der Kuh war eine seit langem gepflegte Kunst. Und die Männer, die sie beherrschten, wurden immer rarer. Die alten Meister waren tot. Die jungen aber, die bei ihnen gelernt hatten, waren der Kirche beigetreten.

»Laß uns nach Nweze, dem Sohn meines Bruders, schikken. Ich nehme an, daß er gerade zu Hause ist«, sagte Oliaku, die Hauptfrau.

Udemezue starrte sie an und grunzte. Es war dennoch eine glänzende Idee. Nweze, der Junge, um den es ging, war zwar ein einfältiger Bursche, doch kannte er seit vielen Jahren das Ritual des Tötens einer Kuh. Aber nach einem Verwandten schicken zu müssen, der eine Meile entfernt wohnte, fiel schwer. Udemezue schnaufte ein paarmal wütend, dann gab er mit einem Nicken sein Einverständnis. Oliaku sprang glücklich auf und rannte los, um ein kleines Mädchen, das Kind einer der jüngeren Frauen, zu instruieren.

»Komm mal her, Ada. Lauf nach Mbamili. Sag meinem Bruder Okike, daß mein Gesicht vor Scham erglüht. Sie wissen alle, daß mein Sohn Onuma heute nach Hause kommt, aber niemand hat irgendwas getan.« Sie dachte einen Augenblick nach. »Sag ihnen, daß Udemezue sie bittet, im Laufe des Abends herüberzukommen.«

»Ja, Mutter.«
»Und sag Nweze, dem Sohn meines Bruders, er möge gleich kommen, ja.«
»Ja, Mutter.«
Das kleine Mädchen machte sich auf den Weg, aber als es eben das Tor erreicht hatte, rief die Frau: »Und hör zu, Ogoli braucht nicht zu kommen, verstehst du?«
»Ja, Mutter«, sagte das Mädchen und verschwand durch das Tor.
Oliaku wußte, daß Ogoli kommen würde.
Ogoli war ein anderer ihrer Neffen in Mbamili. Er hatte sie sehr beleidigt. Sie hatte nämlich eine hübsche Frau in Aniocha für ihn gefunden. Aber sobald der Brautpreis gezahlt war, hatte er es unterlassen, ihr seine Aufwartung zu machen. Er kam zwar, um seiner Schwiegermutter Fisch und Wild als Geschenk zu bringen, doch dann machte er einen Umweg, um seiner Tante ja nicht zu begegnen.
Udemezue wußte, was seine Frau vorhatte und daß dies die Anzahl der Gäste noch vergrößern würde. Aber er hatte nichts dagegen und fuhr fort, zufrieden zu schnüffeln.
Nach und nach trafen die Verwandten ein. Wie vorherzusehen, war Ikenna Ozigbo, genannt der Magier, der erste. Er war groß, klapperdürr, schielte und trug Khakihosen und ein Hemd, die vielleicht einmal im Jahr gewaschen wurden. Dennoch, seine Art, sich zu kleiden, verriet, daß er sich seiner leichten Überlegenheit über die Dorfbewohner bewußt war. Wohlgemerkt, der Magier war in Lagos, Port Harcourt, Kano gewesen – erzählte er jedenfalls. Und er bezeichnete sich als »magischen Doktor« für alle möglichen Krankheiten. Außerdem konnte er Ringe und Amulette herstellen, die den Käufern Erfolg in der Arbeit und in Prüfungen bringen sollten. Er behauptete, daß viele einflußreiche

Leute – Staatsminister zum Beispiel – seine Kunden seien.

»Was meinst du, was die Menschen reich macht? Klugheit und harte Arbeit? Falsch! Es ist das *ogwu*, mein Freund, das kraftvolle *ogwu*, und ich kann es für dich bewirken«, pflegte der Magier zu sagen. Er konnte auch noch andere Sachen. Bei festlichen Gelegenheiten blies er recht passabel Flöte. Und er war auch Politiker. Wann immer eine Wahl bevorstand, wurde er als »Organisationssekretär« berufen, der stets eine große Anzahl Frauen zu beschwatzen vermochte, die nicht die geringste Ahnung hatten, worum es überhaupt ging. Doch so nützlich der Magier war, als Stimmenwerber mißtraute man ihm. Die Leute schlossen nicht aus, daß er Bestechungsgelder von beiden rivalisierenden Kandidaten nahm.

Er stürmte in das *obi*, und sowie er einen Willkommensbecher Palmwein getrunken hatte, begann er von seinen Heldentaten zu erzählen.

»In Ubulu ist etwas Seltsames passiert, Freunde. Ein Mann war von seiner Frau verlassen worden. Da rief er mich, damit ich ihm ein paar Zauberamulette machte, die sie zurückholen sollten.«

»Und du hast es getan?« rief Udemezue.

»Ja. Zwei Tage später kam sie zu ihm zurückgerannt. Ich hatte ein Spezial-*ogwu* gemacht, das ich in Indien bestellen mußte. Hier wurde es zum erstenmal eingesetzt.«

»Welches Ubulu meinst du?« wollte Udemezue wissen.

»Das an der Straße nach Enugu.«

»Ich kenne es. Ungefähr zwanzig Kilometer vor Enugu.«

»Fünfzehn«, sagte der Magier.

»Zwanzig«, beharrte Udemezue. Er gedachte, keinen

Widerspruch von diesem jungen Scharlatan zu dulden.
Weitere Mitglieder der *umunna* trafen ein. Als letzter kam der alte Imedu, das älteste Mitglied der Familie. Und es war ganz gut, daß die *cola* noch nicht aufgebrochen waren. Er brach zu gern alle *cola* in allen Haushalten des Stammes auf.
»Die alten Knochen werden immer steifer, Kinder«, sagte er, als er in das *obi* taumelte.
Der Magier erhob sich und half ihm zu seinem Platz. Der Alte schaute ihn fest an.
»Wessen Sohn ist er?« fragte er. Einer seiner Tricks war, so zu tun, als kenne er niemanden.
»Ich bin Ozigbos Sohn«, sagte der Magier. »Die Leute nennen mich den Magier.«
»Ach, der Magier«, sagte Imedu unbestimmt. »Der Magier, sagtest du?«
»Ja.«
»Was für Namen ihr jungen Leute heutzutage habt. Puh – der Magier!« Er untersuchte vorsichtig den ihm angebotenen Sitz, schien nicht damit zufrieden zu sein, ließ sich aber schließlich doch darauf sinken.
Dann heftete sich sein Blick boshaft auf Udemezue.
»Udemezue, du Sohn von Schuften, schau mich an und sieh, wozu mich deine Väter gemacht haben. Udemezue, du Sprößling von Verrätern.«
Udemezue ignorierte die Verspottung. Und aus der Miene der Anwesenden glaubte er schließen zu können, daß sie an diese Begrüßung des Alten gewöhnt waren und wußten, daß er nichts Übles im Sinn hatte.
Wie dem auch sei, als der Alte in die Jahre kam, wurde er ein immer größeres Ärgernis. Bald jeder im Dorf hatte unter seiner schlechten Laune zu leiden. Er war arm und, da er seine Frau und Kinder verloren hatte, einsam. Die Dorfbewohner hatten stillschweigend die

Verpflichtung übernommen, für seinen Lebensunterhalt zu sorgen. Sie versorgten ihn abwechselnd und machten bei ihm sauber, aber er schien die meisten, die ihm halfen, zu hassen. Den größten Teil des Tages verbrachte er in Udemezues Haushalt, wodurch der Herr des Hauses für ihn ein leicht erreichbares Ziel wurde.

Doch nur wenige überließen den alten Imedu sich selbst, teils, weil es im Dorf kein Beispiel gab, daß ein hilfloses Gemeindemitglied sich selbst überlassen worden wäre, teils, weil jeder begriff, daß sein Nihilismus eine berechtigte Antwort auf die jahrelangen Enttäuschungen und die Hilflosigkeit war. In der Blütezeit seiner Jugend war Imedu zum Hüter des Dorfschreins berufen worden. Aber als die kultischen Bindungen an den Schrein sich immer mehr lockerten und die Gläubigen abtrünnig wurden, begann auch die Quelle seiner Macht und seiner Existenz zu versiegen. So blieb er schließlich als ein völlig außer Fassung geratenes Wrack zurück, dieweil der Strom neuen Horizonten und Interessen entgegenfloß.

»Udemezue, Sohn dessen, der anderer Leute Ruhe gestört hat ...« Imedu unterdrückte einen kräftigen Fluch.

»Nun ist es genug, Großvater«, sagte der Hirt in einem Tonfall, als wolle er ein Kind besänftigen.

»Gib ihm die Kolanuß«, sagte Udemezue. »Brich die *cola* für uns auf, Großvater.«

Die Kolanuß wurde ihm in einer hölzernen Schüssel gereicht. Er brach sie auf, verteilte die Scheiben mit sehr viel Widerwillen und behielt zwei für sich. Der Magier schenkte Palmwein aus einem großen Topf ein, der in der Mitte der Hütte stand.

Nachdem er den zweiten Becher geleert hatte, schlug Imedu den Kürbisbecher auf sein Knie, als wolle er sich überzeugen, daß das Gefäß zerbrechlich sei. Da er es in

Ordnung fand, schaute er gekränkt auf. »Udemezue Okudo«, krächzte er.
»Was ist, Alter?« fragte Udemezue ungeduldig.
»Hast du gesagt, daß dein Sohn zurückkommt?«
»Ja.«
»Wann?«
»Heute. Gegen Abend.«
»Nun, er wird nicht kommen«, kreischte der Alte.
»Schon gut, Alter«, sagte Udemezue voller Verachtung.
Der Magier lächelte. »Der Alte will seinen kleinen Spaß haben, oder sollte er nur betrunken sein?«
»Betrunken von einem einzigen Becher Palmwein!« schrie Imedu.
»Gib ihm noch einen, Ikenna. Möchtest du noch einen Becher, Großvater?«
Der Alte schnüffelte nur, aber als ihm der Becher gereicht wurde, nahm er ihn mit bärbeißiger Miene entgegen. Er erhob sich, um zu trinken, und starrte dann zerstreut auf seinen Sitz. »Wer hat mir denn den gegeben! Einem alten Mann so was anzubieten!«
Udemezue verständigte sich mit dem Magier, und dieser schaffte die beleidigende Sitzgelegenheit, einen geschnitzten Stuhl, fort und ersetze sie durch einen verstellbaren, der mit Stoff bespannt war. Der Alte nahm Platz und begann sofort zu schlafen.
Die Sonne stieg höher. Das ganze Dorf war voller Zeichen und Laute regen Lebens. Die Stunde des täglichen Marktes rückte heran.
Die Nachbarn verständigten sich untereinander mit dem kunstvollen Buschsignalsystem. Von den fernen Feldern drang das leise Wehklagen einer Taube herüber. Wenig später hörte man eine singende Gruppe die Straße herunterkommen. Nun wandte sich das Gespräch der Ankunft von Udemezues Sohn Onuma zu.

»Er ist so lange fort gewesen. Ich hoffe sehr, daß er uns ungebildete Dörfler nicht sonderbar findet«, sagte der Hirt.
»Ich traue den Jungen nicht«, kreischte der Alte, der aufgewacht war. »Wenn wir alt sind, lassen sie uns im Stich.«
Die anderen nahmen keine Notiz von ihm.
»Sie sind glücklich, diese jungen Leute«, fuhr der Hirt fort. »Die Welt gehört ihnen. Sie können fliegen, wohin sie wollen. Wenn ich daran denke, daß ich mich mit ihnen messen könnte, wenn ich nur Bücher gelesen hätte! Es war in unseren Tagen, als der weiße Mann Bücher in unser Land brachte. Aber ich konnte sie nicht lesen. Mir fehlte es an Geduld.«
»Wer Bücher lesen will, braucht einiges mehr als Geduld«, bemerkte jemand, und Gelächter begleitete seine Worte.
Udemezue saß da und hielt sich aus allem heraus. Er war in seinem Inneren ganz erfüllt von der Spannung, die der Heimkehr seines Sohnes vorausging. Es war der Höhepunkt seiner Karriere, gegen den selbst der Titel *ozo* nichts war. Äußerlich aber war er ruhig, beinahe gleichgültig.
»Wo bleibt denn nur dieser Nweze«, schnauzte er.
Gleich darauf traf Nweze, der Schlächter, ein. Er brüllte bereits seine Grüße mit dem ihm eigenen Überschwang in die Gegend, bevor er das Tor erreichte. »Tochter unseres Hauses, wir sind da.«
Oliaku antwortete: »Willkommen, Nweze.«
»Komm heraus und erzähl mir, worum es eigentlich geht«, rief Nweze. Er stand nun vor dem *obi* und zeigte keinerlei Furcht vor Udemezues kaltem Blick. Nweze war ein Riese von einem Mann mit einem unglaublich breiten Mund, aus dem die Worte nur so sprudelten. Sehr klug war er nicht, aber man mochte ihn wegen seiner Großherzigkeit und seines offenen Charakters.

Mit ihm war Ogoli gekommen
»Schwiegervater, ich grüße dich«, sagte Udemezue.
»Wo ist unsere Tochter?«
»Hier bin ich«, sagte Oliaku und trat aus der Hütte.
»Dein Sohn kommt also heim, was? Hab ich nicht, als er noch klein war, gesagt, daß er mal ein großer Mann würde? Und nun, hab ich nicht recht? Oh, ihr jungen Weiber.« Obwohl Oliaku alt genug war, daß sie Nwezes Mutter hätte sein können, behandelte dieser sie immer wie ein junges Mädchen, was sie nicht ungern hatte.
»Willkommen«, sagte sie, ohne von Ogoli Notiz zu nehmen, der schüchtern lächelnd hinter dem Riesen stand.
»Feuert eine Salve ab und laßt die Posaunen erschallen. Es ist ein Tag der Freude.«
»Ein Tag der Freude, in der Tat«, kam der Refrain von Ogoli.
Oliaku wandte sich ihm wütend zu. »Du bist also gekommen. Ich dachte, dies Haus sei tabu für dich und ich sei eine Leprakranke, der man aus dem Weg gehen müsse.«
Klein Ogoli lächelte breit. »Wie könntest du eine Leprakranke sein, Tochter?«
»Ich bin es«, rief sie. »Eine Leprakranke. Weshalb bist du hier?«
»Er ist hier, um seinen Bruder zu sehen, Frau«, ließen sich die Männer im *obi* vernehmen, die Partei für den hartbedrängten Ogoli ergriffen. Aber sie hätten sich nicht zu sorgen brauchen, denn Ogoli war Herr der Lage.
»Ich brauch mich nicht zu entschuldigen, wenn ich hierherkomme«, sagte er freundlich. »Dies Haus hier gehört mir so gut wie anderen Leuten. Wo meine Tochter ist, da bin auch ich zu Hause.«

»Ein kluges Wort«, rief sein Bruder Nweze aus und schüttelte ihm die Hand.
Oliaku wollte der Sache nicht auf den Grund gehen. Die Anwesenheit ihrer Neffen und die Aussicht auf die Heimkehr ihres Sohnes hatten sie so sehr mit Stolz erfüllt, daß in ihrem Herzen kaum Platz für Groll blieb.
»Ich hab nichts mehr dazu zu sagen«, betonte sie, tat so, als sei sie ärgerlich, und kehrte zu ihrer Hütte zurück.
Die Neuankömmlinge schlossen sich den im *obi* Versammelten an und wechselten mit ihnen, wie bei solchen Gelegenheiten üblich, ein paar Späße. Einer kannte den anderen sehr gut. Mbamili war nur eine Meile entfernt, und die beiden Clans besuchten sich häufig.
»Trinkt einen Schluck Palmwein«, sagte Udemezue.
»Als ob ich dazu einer Aufforderung bedürfte«, sagte Nweze, und alles lachte. »Aber hör zu, du mußt nicht denken, daß ich nur hergekommen bin, um Palmwein zu trinken. Ich bin gekommen, um meinen Vetter willkommen zu heißen.«
Der Magier lachte. »Trink auf jeden Fall einen Schluck Palmwein.«
»Danke. Aber zuerst sollte ihn einer von euch kosten. Ich traue euch Aniocha-Leuten einfach nicht. Ihr seid mir mit euern Zauberkünsten für meinen Geschmack zu tüchtig.«
»Mach dir darüber nur keine Gedanken«, sagte der Hirt. »Wenn du stirbst, werden deine Leute sich freuen, deine Leiche mitnehmen zu können. Köstlich.« Es ging nämlich die Mär, daß in alten Zeiten die Leute in Mbamili Kannibalen waren.
»Auf alle Fälle sind wir viel praktischer«, brüllte Nweze. »Wir schlachten und essen. Wir lassen kein Menschenfleisch umkommen wie ihr Schurken.«
»Eins zu null für ihn«, stimmte der Hirt lachend zu.

Die zahlreichen Kinder des Gehöfts hatten es gespürt, daß der lang erwartete Kuhschlächter gekommen war. Sie strichen um das *obi* herum und ersannen immer neue Gründe, einen Blick auf die Ältesten zu werfen.

Nachdem Nweze sich mit genügend Schlucken Palmwein Mut gemacht hatte, erhob er sich und erteilte mit Donnerstimme einen Befehl. Mehrere Hände zwangen die Kuh zu Boden, banden sie und legten sie auf einen großen Schlachttisch, der für diesen Zweck gebaut worden war. Mit fachgerechter Leichtigkeit durchschnitt er ihr die Kehle. Dann folgten die anderen Rituale: der riesige Kadaver wurde abgesengt und zerlegt.

Udemezue hatte sich für die Begegnung mit seinem Sohn angekleidet. Er trug eine lange Wolltunika und eine Kappe, die mit Papageienfedern geschmückt war. Als er sich auf den Weg zur Haltestelle machte, wo er seinen Sohn in Empfang nehmen sollte, begleiteten ihn alle anderen Mitglieder der *umunna,* ausgenommen der Alte, der noch schlief.

Es war mittlerweile Mittag geworden. Die Leute strömten zum Markt. Unter ihnen war eine Trommlergruppe unter Führung des Cheftrommlers von Aniocha, der wie üblich in einen heimgewebten Tuchumhang gehüllt war und die rotgestreifte Nachtmütze auf dem Kopf trug. Seine Truppe bestand aus vier schwer zu beschreibenden jungen Burschen in den verschiedenen Stadien der Uniformierung. Der jüngste war erst sieben, schien den Stil der Band jedoch bereits mitbekommen zu haben.

Die Haltestelle lag, vom Markt aus gesehen, auf der anderen Seite der Straße.

Udemezue saß in der Mitte der wartenden Gruppe, schnupfte ohne Unterlaß und steuerte gelegentlich eine Bemerkung zum allgemeinen Geplauder bei.

Der Markt hatte sich noch nicht gefüllt, und die Ruhe der kleinen Stadt wurde nur dann und wann vom Lärm eines besonders lauten Lastkraftwagens gestört, der auf der Landstraße vorüberqualmte. Ein langes Warten bahnte sich an. Aber das kümmerte die *umunna* nicht. Es war auf keinen Fall langweilig. Eine Anekdote nach der anderen sorgte für Unterhaltung.

Die zum Haushalt gehörenden Frauen bildeten ihre eigene kleine Gruppe. Sie saßen auch auf ihren eigenen Stühlen. Während sie warteten, enthülsten sie Nüsse. Die Mutter jedoch war zu nervös, als daß sie an dieser nutzlosen Beschäftigung hätte teilnehmen können. Sie lauschte fortwährend auf das Geräusch von Motorfahrzeugen. Obwohl sie aus dem Brief ihres Sohnes wußte, daß er einen Personenwagen und keinen Lastwagen hatte, war sie ständig auf dem Sprung, wenn ein Bus oder Lkw hielt und Fahrgäste ausstiegen. Der wartenden Gruppe schloß sich bald auch Nweze an, der mit dem Zerlegen der Kuh fertig war.

»Die Kuh, die du da hattest, war ganz schön groß, Udemezue«, sagte er. »Fast drei Stunden hat es gedauert, sie zu zerlegen. Du mußt ganz Aniocha einladen, damit alles aufgegessen wird.« Er rieb sich die Hände und fragte dann: »Ist euer Freund noch nicht da?«

»Der Weg ist lang«, sagte der Magier mit einer wissenden Geste.

»Wie lange dauert die Fahrt?« wollte Nweze wissen.

»Kommt darauf an«, antwortete der Magier wie ein Richter. »Nach Lagos schafft man's in drei, manchmal aber auch erst in vier Tagen.«

»Ich will in den nächsten Tagen hin«, sagte Nweze herausfordernd. »Merk dir meine Worte: In den nächsten Tagen gehe ich nach Lagos.«

Die anderen lachten. Sie wußten, daß die zehn Gemeinden rings um Aniocha wahrscheinlich die Grenze von Nwezes Traumreise sein würden.

Die Sonne hatte sich verschleiert und der Abend seine

spezielle Goldrostfarbe angenommen, als der Erwartete eintraf. Ein goldfarbener Jaguar stoppte ein Stückchen hinter der wartenden Gruppe und rollte dann langsam, unsicher zu ihnen zurück. Ein stämmiger, bärtiger, insgesamt hübscher Junge in einem eleganten englischen Anzug schlüpfte vom Fahrersitz. Einen kurzen Augenblick lang vermochten die Parteien einander nicht zu erkennen. Dann sprang Oliaku auf den Fremden zu und begann ihn zu umarmen und zu küssen. Nach dem ersten fieberhaften Ansturm trat sie zurück und betrachtete ihn.

»Was soll der Bart?« fragte sie.

»Ein Zeichen des Alters, Mutter.«

»Nun, wenn du alt bist, was sind denn dann Vater und ich?«

Nachdem sich Onuma von seiner Mutter befreit hatte, schüttelte er den anderen Verwandten die Hand.

»Sie werden draußen groß«, ließ sich Nweze dröhnend vernehmen und maß Onuma an seiner eigenen Riesengestalt. »Gestern noch so ein winziges Bürschchen und dann *agadam!*« Nweze hob die Hände zu einer vielsagenden Geste.

Kaum war die Begrüßung vorüber, nahm Onuma das Heft in die Hand. »Wie kommen wir nun nach Hause? Es scheint, wir sind zu viele, als daß wir alle in den Wagen paßten. Es wird das beste sein, ihr beide, du, Vater, und Mutter, steigt ein. Und dann . . .«

»Macht nichts«, sagte der Riese. »Ich werde nach Hause laufen, und das werden auch die anderen tun. Es hat doch keine Eile. Ich werd schon bald in diesem Wagen fahren, wetten wir? Fahr voraus, Junge. Laß deinen Vater und deine Mutter die Früchte ihres Leidens genießen. So ist's recht. Los, kommt, Kinder.« Er winkte den anderen Mitgliedern der *umunna* zu. Sie erhoben sich, klopften sich den Staub vom Hintern und folgten ihm.

Udemezue fand sich in einer Situation, wie er sie noch nie erlebt hatte. Gewöhnlich war er der Mann, der die Lage meisterte. Aber angesichts des Reichtums seines Sohnes war er verblüffter, als er es je für möglich gehalten hätte. Also blieb er ein wenig im Hintergrund und wurde lediglich durch die Aufforderung des Magiers bewogen, in den Wagen zu steigen. Als die anderen Mitglieder der *umunna* sich auf den Heimweg gemacht hatten, wartete der Magier noch, angeblich, um sich um Udemezue und Oliaku zu kümmern, in Wahrheit aber, um selbst mitzufahren. Nachdem er den Eltern die Tür aufgehalten hatte, stieg auch er ein.

»Sieh dir den Wagen genau an«, sagte der Magier im Ton eines Fremdenführers.

»Ich sehe ihn mir genau an«, erwiderte Oliaku mit tränenerstickter Stimme.

Udemezue wurde hin und her gerissen zwischen väterlicher Würde und einem Triumphgefühl angesichts dessen, was sein Sohn geschafft hatte.

Ein kurzer Pfad führte von der Hauptstraße in Udemezues großes Anwesen. Onuma zögerte zunächst. Er war sich nicht sicher, ob der Pfad gefahrlos zu befahren sei. Dann sah er auf der anderen Seite der Straße eine weite Lichtung vor dem Gehöft des Nachbarn. Er entschloß sich, dort zu parken. Aber Udemezue wollte davon nichts wissen. Die Lichtung gehörte der Witwe eines ehemaligen Polizisten, einer notorischen Klatschbase, die das Parken des Wagens auf ihrem Gelände nur irgendwie zu ihren Gunsten ausgelegt hätte.

»In meinem *obi* hast du soviel Platz, wie du zum Parken brauchst«, sagte er.

Omuna fuhr vorsichtig, behutsam über den grasbewachsenen Pfad, und doch kratzte es leise. Er rollte durch das große Tor mit den geschnitzten Flügeln in das Anwesen. Als der Wagen zum Stehen kam, war er von der ganzen Familie umringt. Ein paar Leute, die vorbeigingen, hörten die erregten Stimmen, merkten, worum es ging, und blieben stehen, um den Wagen zu bewundern.

Lange bevor Onuma die Heimreise angetreten hatte, war Udemezue schon damit beschäftigt, den Empfang zu planen. Das bei weitem schwierigste Problem war, ein Haus zu bauen, das des jungen Mannes würdig war. Es gab zwar ein leeres, mit Gras gedecktes Haus, das die Kinder in ihren jungen Jahren benutzt hatten, aber Udemezue meinte, es sei für Onuma nicht gut genug. Für ihn bedurfte es eines Hauses, das mehr seinem neuen Status entsprach. Also hatte Udemezue ein kleines Haus aus Betonblöcken gebaut, das mit Wellblech gedeckt wurde. Das Geld dafür aufzubringen war ihm schwergefallen. Aber gerade als er mit dem Hausbau begann, war eines der Mädchen verheiratet worden, und ihr Brautpreis war durchaus großzügig bemessen gewesen. Der und das Geld aus einigen anderen Transaktionen, so dem Verkauf der Yamswurzelvorräte, ermöglichten es ihm, ein komfortables Zweizimmerhaus zu bauen. Nun stand es da, neu, hübsch und ein Stück abseits von den anderen mit Gras bedeckten Lehmhütten seines Grundbesitzes. Udemezue schlug vor, sogleich mit Onuma dorthin zu gehen, doch der sagte nein.

»Ich muß erst in dem alten *obi* sitzen. Hab es seit Ewigkeiten nicht gesehen ... Schafft meine Sachen in das andere Haus«, befahl er den Kindern.

Udemezue willigte mit einiger innerer Zurückhaltung ein. Der Junge war ihm ein bißchen zu herrisch.

Der alte Imedu schlief noch immer im *obi.* Als die Gesellschaft eintraf, sprang er auf und starrte Onuma mit kleinen, glänzenden Augen an. »Kennst du mich, mein Sohn?«

»Ja«, sagte Onuma. »Du bist der Hüter des Schreins. Du hütest den Schrein.«
»Ich hab ihn gehütet«, erwiderte der Alte mit einem trockenen Gekicher und ging hinaus. »Jetzt ist es der Schrein, der mich behütet.«
Nweze wollte unbedingt alle Neuigkeiten aus Lagos hören. Besonders neugierig war er auf den Wagen. Einem einfachen Gemüt wie ihm schien es unglaublich, daß jemand, der vor wenigen Jahren noch so klein gewesen war, jetzt einen Wagen besaß.
»Mein Sohn« – das war eines seiner Lieblingsworte –, »mein Sohn, was machst du eigentlich?«
Onuma lächelte. Sein Beruf, Fachmann für Öffentlichkeitsarbeit, hatte keinerlei Beziehung zu Erfahrungen, die Nweze im Laufe seines Lebens gesammelt haben mochte, also fand Onuma auch keine Worte, Nweze diesen Beruf zu beschreiben. Er bediente sich deshalb seiner Lieblingsmethode, schwierigen Fragen aus dem Wege zu gehen: Er romantisierte. Er beschrieb sich selbst als einen Reisenden, einen Tester exotischer Kulturen. So habe er einmal einen irren Autokonvoi Tausende von Meilen geführt. Dann sei er der erste Ungläubige gewesen, der den Harem eines Sultans besichtigt habe. Er entwarf ein lebensvolles Bild von Erdnußpyramiden, »die bis in den Himmel reichen«, und krönte seine Geschichten mit wilden Galoppaden über die sudanesischen Ebenen.
Er erzählte mit übertriebenen Gesten, und seine braunen, funkelnden Augen blickten jeden herausfordernd an. Die Bauern verschlangen seine Geschichte. Zum Schluß fragte Nweze voller höhnischem Neid: »Mein Sohn, wie wird man ein guter Reisender? Muß man dazu Bücher lesen, oder was?«
»Das einzige, was man braucht, ist Unternehmungsgeist. Den Willen, etwas zu wagen. Im Mittelalter ...«

»Mittelalter, mein Sohn?«
»In alten Zeiten besaßen die Männer diesen Geist. Alle weißen Männer hatten diesen Unternehmungsgeist.«
»Unternehmungsgeist«, grübelte Nweze. »Versuch's mit mir.«
Als das Thema erschöpft schien, erhob sich Onuma und zog sich in sein Haus zurück. Aber die Party seines Vaters dauerte noch bis spät in die Nacht hinein.

3

Allein in seinem Haus, merkte Onuma, daß die freudige Empfangsstimmung schwand und eine schwere Depression sich auf sein Gemüt legte. Im Dorf gab es so vieles, was bedrückte. Da war zum Beispiel die plötzliche Finsternis. Sein Zimmer wurde von einer winzigen Öllampe beleuchtet, einer leeren Zigarettenbüchse, in die man einen Docht gesteckt hatte. Sie spendete ein schwaches Licht, das die schwere, lastende Dunkelheit noch betonte. Onuma hatte die Dunkelheit nie gemocht. Er war von Natur aus ein Kind der strahlenden Lichter.
Die Dorfbewohner waren bereits zu Bett gegangen. Sie schliefen in der Finsternis wie die Tiere. In Lagos hätte sich Onuma jetzt gerade für einen seiner zahlreichen nächtlichen Streifzüge zurechtgemacht, sich gewaschen und parfümiert und die verführerischste Krawatte ausgewählt, die zu einem seiner vielen Anzüge paßte. Er hatte ein gut Teil seiner eleganten Kleidung mitgebracht, doch er wußte, daß er keine Gelegenheit haben würde, sie zu tragen. Außerdem war es ein großes Risiko, eines seiner teuren Kleidungsstücke zu Hause vorzuführen. Überhaupt war das vielleicht der abstoßendste Aspekt des Ortes: sein Schmutz und die allgemeine Tendenz, alles, was mit ihm in Berührung kam, zu besudeln.

Diese Geschichten vom einfachen Leben! Da hielt man nun die Einfachheit und Unkompliziertheit für das Anziehendste dieser Art zu leben. Diejenigen, die das einfache Leben bewunderten, freilich immer aus der bequemen Ferne städtischer Annehmlichkeiten, ließen den Schmutz außer Betracht. Was die Leute anging, die dieses einfache Leben führten, die Bauern, die man für so vital hielt, so fiel Onuma nunmehr ein, daß er sie besser kannte. Der Bauer war offenbar nur zu gut geeignet, in Schmutz, Trunkenheit und Aberglauben zu leben.

Selbstverständlich war auch Onuma im Dorf geboren und aufgewachsen, wenn er auch dank dem relativen Reichtum seines Vaters Handarbeit niemals richtig kennengelernt hatte. Seine Lebensanschauung manifestierte sich in der Auffassung, daß die Welt dazu da sei, seiner Vollendung zu dienen. Seine gute Figur und ungezwungenen Manieren hatten es ihm erlaubt, diesen Anspruch ohne große Mühe aufrechtzuerhalten. Instinktiv suchte er Menschen und Dinge, die Erfüllung und Sicherheit gefunden hatten – Menschen voller Reichtum an Leib und Seele. Mit anderen hatte er sehr wenig Geduld. Schwäche und Torheit verachtete er. Er haßte kranke, kleine, unbedeutende, häßliche Leute.

Onuma hielt sich selbst für einen Renaissancemenschen, dessen geistige Vorfahren aus dem Kreis der Medici kamen. Niemals hatte er sich zu verteidigen brauchen, denn die Erfahrung lehrte ihn, daß die Welt ihn akzeptierte.

Seine Streiche und sein scharfer Geist waren schon in den Tagen, da er die Grundschule in seinem Heimatdorf besuchte, in der ganzen Gegend berühmt. Später nahm ein reicher Onkel ihn zu sich, ein Geschäftsmann in der Stadt, und schickte ihn auf die vornehmste Schule. Deren Exklusivität bestärkte den Jungen in der Meinung, besser zu sein als der Mann neben ihm. Denn die Schule, mit ihrem »Alten-Herren«-System und anderen überholten Erfindungen eine Art nicht recht verdautes Eton, zudem darauf spezialisiert, ein vielfältiges Sortiment von Jungen aufzunehmen – Kinder von Bauern und Neureichen, Söhne von analphabetischen, aber finanzstarken Politikern, die aus armseligen Slums stammten –, nährte den Egoismus der Schüler und lehrte sie, sich auf das Leben, das sie zu führen bestimmt waren, etwas einzubilden und es zugleich zu verabscheuen. Onuma wurde anscheinend vor Schaden bewahrt, weil seine Verhältnisse und seine Persönlichkeit ihn vor Enttäuschung schützten. Anderen erging es schlechter; sie entwickelten eine Weltanschauung, die nicht im entferntesten eine Beziehung zur Wirklichkeit des Lebens hatte und ihre Entwicklung für alle Zeiten hemmte.

Onuma hatte sehr großes Gefallen an der Schule. Die Arbeit fiel ihm leicht. Harte Arbeit allerdings, verächtlich als »Streberei« bezeichnet, wurde ziemlich scheel angesehen. Die Kämpfe des Lebens mußten auf dem Sportplatz gewonnen werden und nicht in einem wissenschaftlichen Labor. Fleiß und Streberei waren etwas für die Krüppel und Unvollkommenen, für die schmächtigen Jüngelchen mit den unebenen Zügen, die Brillen trugen, weil sie nicht gut sahen. Die Burschen von Bedeutung, die ordentlich gekleidet waren und einen ordentlichen Fußball spielten, schafften es ohne so etwas. Trotz seiner Einstellung zur Arbeit kam er sehr gut mit den Lehrern aus, meist bequemen, verschlafenen Herren, die einem ironischen Verhältnis zu ihrem Beruf den Vorzug gaben. Zu Anfang luden ihn ein oder zwei zu Drinks ein und befummelten ihn ein bißchen, aber er fühlte sich nicht beleidigt, weil er im Grunde seines Herzens die Lehrer als eine Klasse verachtete und zugleich in Schutz nahm.

Unter den Jungen war er außerordentlich populär. Auf

sie als Gruppe übte er einen Einfluß wie ein Begnadeter aus. Sobald er sich einer zusammenstehenden Schar näherte, stimmten sie laute Huldigungen an.
Die einzige Enttäuschung erlebte er gegen Ende seiner Schulkarriere. Er wurde nicht Vertrauensschüler. Die Jungen waren zunächst empört, nahmen aber schließlich die Entscheidung hin. Denn, so urteilten sie, das Amt des Vertrauensschülers hätte nur das Bild ihres Helden beeinträchtigt, hätte seine Rolle als ungebundener kleiner Fürst, als Schiedsrichter in Fragen des Geschmacks eingeengt und ihm die wesentlich zweifelhaftere eines Zuchtmeisters auferlegt. Bei Onuma selbst bewirkte die Enttäuschung, daß sich in ihm so etwas wie Abneigung gegenüber der Autorität herausbildete. Er entwickelte die Gewohnheit, sich die verschiedensten Mittel auszudenken, um sie zu überlisten.
In diesem Abschnitt seines Lebens entdeckte er sämtliche Laster. Er scharte eine kleine Gruppe wilder Burschen um sich und unternahm mit ihnen häufig mitternächtliche Streifzüge durch die Bordelle von Lagos. Er begann sich auch seiner Macht über Frauen bewußt zu werden. Wie diese sagten, konnten sie seinen großen, leidenschaftlichen, schelmischen Augen nicht widerstehen. Auch sein Gesicht fesselte sie. Eine seiner Freundinnen in Lagos schwor, man könne, wenn man Onuma eine einzige Minute beobachte, an die fünf verschiedene Mienen bei ihm wahrnehmen. Und er schien sie ungewollt hervorzubringen.
Als er seine Methoden vervollkommnet und verfeinert hatte, rissen sich die Frauen um ihn, warfen sich ihm an den Hals. Doch das stimmte ihn nicht etwa sanfter, im Gegenteil, er entwickelte nun einen ganz auf Selbstschutz bedachten, brutalen Stil gegenüber den Frauen. Den aber liebten sie nur noch mehr.
Der Übergang von der Schule zur Universität ließ sich

nicht vermeiden. Der Staat hatte gerade seine erste Universität gebaut, das teuerste der Statussymbole. Sie hatte etwa ein Drittel des Staatsbudgets verschlungen. Und so stand sie nun da, ein strahlendes Bild aus Glas und Fliesen mitten zwischen den schmutzstarrenden Slums der Eingeborenenstadt. Zu Anfang waren es nur wenige Studenten, und sie genossen alle Privilegien der Seltenheit. Der Staat bot ihnen vieles und verweigerte ihnen nichts.

Die Tatsache, in einem Land mit vielen Millionen Einwohnern zu der Handvoll Studenten zu gehören, förderte weder bei Onuma noch bei den anderen Studenten die Demut.

In mancher Beziehung jedoch bedeutete die Universität für Onuma einen Abstieg. Sie schien größtenteils eine Wiederholung all dessen zu sein, was er bereits in der Schule kennengelernt hatte. Er erlebte hier niemals die Heiterkeit der Freiheit, die junge Leute angeblich beim ersten Betreten einer Universität empfinden. Da infolge einer seltsamen Planung das Studienjahr in Nigeria am Ende des Jahres anderer Leute begann, hatte er nach Verlassen der Schule neun Monate Zeit totzuschlagen. Er nahm einen gutbezahlten Job an, mietete sich einen Wagen, veranstaltete Nacht für Nacht Orgien, genoß es, mit Mädchen in einer Wohnung zu schlafen, die ihm ganz allein gehörte.

Die Arbeitsmethodik an der Universität wirkte hemmend auf ihn. In der Schule hatten die Lehrer seine mögliche Geistesschärfe für bare Münze genommen und ihn spielend durchkommen lassen. Die Folge war, daß er sich daran gewöhnt hatte, viel, aber unsystematisch zu lesen. Die Universitätslehrer aber bestanden unbarmherzig darauf, daß man regelmäßig und systematisch las. Sie alle mochten ihn. Er glich mit seiner Erscheinung so gar nicht der ziemlich skrofulösen Schar,

die sie Jahr für Jahr aufnahmen, doch hatten sie auch vor ihm schon viele junge Männer voller Feuer und Schneid wie ihn kennengelernt, die ihr Talent und ihre Tatkraft verplemperten und am Ende zu nichts kamen.
Auf Onuma machte das nur den Eindruck, als wollten die Lektoren ihm unbedingt beweisen, daß er nicht so klug sei, wie er meine. Allerdings hatte er sich nie für »klug« im akademischen Sinne gehalten. Er war nicht auf einen guten akademischen Grad aus. Das hätte nämlich bedeutet, sich mit der skrofulösen Menge zu messen, und so weit konnte er sich nicht erniedrigen. Außerdem war er kein Gelehrter. Den Typ kannte er: ernste junge Leute, deren Bücherpakete auf ihren seltsamen Fahrrädern kaum Platz hatten. Er amüsierte sich lieber über sie. Nach Jahren grausamer Gehirnwäsche würden sie in einem sicheren akademischen Loch enden. Das kleine bißchen Originalität, das Talent, die Individualität und die Vorstellungskraft, mit der sie ihren Weg angetreten hatten, würden dann unter der Last der Ideen und Meinungen anderer Leute begraben sein.
Sicherlich gab es einen Weg, unter Einsatz minimalster Mühe zu irgendeinem Zeugnis zu kommen. Das Wort »Zeugnis« war damals ein magisches Losungswort in der nigerianischen Gesellschaft, ein hochdotierter Wechsel. Wie man in seinen Besitz gelangte, war nebensächlich. Auf jeden Fall war das Wissen, mit dem einem der Kopf vollgestopft wurde, ein paar Tage nach dem Examen vergessen und meistens nutzlos. Welchen Sinn hatte es, die Sonderlichkeiten englischer Phoneme zu beachten oder die Geschichte des Schwundes und Falls angelsächsischer gerundet und entrundet gesprochener Vokale in betonter und unbetonter Stellung? Und was hatte Spencers übersättigter Luxus jemandem zu sagen, der mit den starren Realitäten eines armen, unfruchtbaren Landes aufgewachsen war?

Statt dessen lernte Onuma all das, worauf es ihm ankam. Er war bereits eine Persönlichkeit im dramatischen Anfängerzirkel der Universität. Er entwickelte sich zum Kenner von Weinen und Zigarren. Er duzte sich mit den Besitzern sämtlicher Bordelle und Kneipen in der Stadt. Er beobachtete das Leben im Rohzustand und spürte, daß er jeden Tag mehr über die beiden mächtigsten Kräfte des Lebens lernte, den Sex und das Geld. Er legte sich eine Theorie zurecht, wonach ein Mann, der die Kontrolle über das Geld und den Sex zu behalten wußte, nichts anderes zu lernen brauchte. Tatsächlich eignete sich Onuma einige Kenntnisse auf sexuellem Gebiet an, was jedoch das Geld anging, so lernte er nie, damit umzugehen. Getreu der Bohemetradition verachtete er das Geld und gab es mit vollen Händen aus, sobald er welches hatte.

Im Laufe des zweiten Studienjahres hatte sich dann der Kodex seines Lebens herausgebildet. Es war ein Kodex des totalen, schamlosen Individualismus. Das einzige, dem das Individuum verpflichtet war, war seine eigene Vollendung. Der Rest der Welt konnte und sollte sich um sich selbst kümmern. Das Individuum mußte versuchen, sich so gut wie möglich emotionell und körperlich zu entfalten, und dabei vermeiden, mit dem Gesetz in Konflikt zu geraten.

Das Leben lehrte jedoch auch, daß Selbsterhöhung ohne Zusammenarbeit mit anderen Menschen nicht möglich war. Um ein Zeugnis, dieses Losungswort für ein angenehmes Leben, zu bekommen, mußte Onuma einigen Anschein von Arbeitsamkeit erwecken, denn nur so konnte er seine Lehrer hinbiegen. Die waren von unterschiedlichster Art. So gab es eine Handvoll guter, bei denen sich hohe Gelehrsamkeit mit geistiger Originalität und gepflegter Urbanität verband. Diesen konnte man nur seine Reverenz erweisen. Es gab aber auch den üblichen Abschaum der englischen akademischen Welt, die eine passende Stellung in der sie weniger fordernden Atmosphäre einer neuen Welt suchten. Mit ihnen konnte man keine großen Beziehungen pflegen, zumal ihre grundsätzliche Unsicherheit sie zwang, eine Barriere zwischen sich und den Studenten zu errichten. Zum Lehrkörper gehörten auch ein paar Nigerianer, traurige, unterdrückte Gestalten, die im eigenen Land an einer von Weißen regierten Universität überhaupt nichts zu sagen hatten; sie erweckten den Eindruck, als hätten sie das Vertrauen in sich selbst verloren und ihre Minderwertigkeit akzeptiert. Je weniger man über sie sagte, desto besser. Onuma schenkte seine Sympathie mehr und mehr den jüngeren englischen Graduierten, die für ein Jahr oder zwei nach Nigeria kamen und in ihrem Idealismus und ihrer Rechtschaffenheit noch unberührt waren von jahrelangen, durch nichts zu steuernden Kämpfen auf Rassen-, Stammes- oder akademischer Ebene, wie sie an der Universität gang und gäbe waren.

Onuma schloß sich einem von ihnen in herzlicher Freundschaft an. Er hieß Brian und war ein Bursche von hohen Geistesgaben, der gerade in Oxford seine Prüfung in zwei Fächern mit Auszeichnung bestanden hatte und mit einem Jahresstipendium nach Nigeria gekommen war. Er war hellauf begeistert von Nigeria, das er im Besitz all der Möglichkeiten eines moralischen Wachstums sah, die England und die älteren Industriestaaten auf ihrem Weg zum Materialismus nicht genutzt hatten. Die älteren Länder waren gescheitert. Sein Lieblingswort lautete: »Europa ist am Ende«, worunter er nicht verstand, daß es kräftemäßig oder wirtschaftlich zusammengebrochen, sondern geistig pleite sei. Afrika war ein jungfräuliches Land, eine *tabula rasa,* auf die vieles, was rein war, geschrieben werden konnte. Die Afrikaner würden aus den Fehlern der älteren Nationen lernen und die Gelegenheit haben, eine gerechte Gesellschaft zu schmieden. Onuma mochte Brian sehr, obwohl er dessen Idealismus für ein wenig naiv hielt. Also entschloß er sich, ihm zu zeigen, was Afrika, dieses potentielle Utopia, in Wirklichkeit war. Er führte Brian in alle Freudenhäuser der Stadt ein, und sie verbrachten dort viele Abende bei Diskussionen über Bindung und Nichtanschluß, während neben ihnen Prostituierte mit angepeilten Kunden feilschten.

Unter den Studienkollegen hatte Onuma wenige Freunde. Die Unreife und Ungeschliffenheit der meisten Studenten berührte ihn schmerzlich. Er identifizierte sich mit einer kleinen Minderheit gemächlicher Bummler. Abgesehen davon, daß sie an den Magengeschwüren gewissenhafter Lehrer schuld waren, war ihnen noch eines gemeinsam: ein Gefühl, daß sie den akademischen Betrieb durchschaut hatten und entschlossen waren, sich von diesem niemals einfangen zu lassen. Einige dieser Brandstifter sollten später den Kern der sozialen und politischen Erhebung in ihrem Land bilden.

Den Anschein, daß er arbeite, aufrechtzuerhalten war nicht so einfach, wie es klingt. Onuma merkte, daß seine Fähigkeit, ständig fleißig zu sein, die nie sonderlich groß gewesen war, bis an die Grenze strapaziert wurde. So kam es, daß er schließlich gegen Ende seiner akademischen Laufbahn, als seine Kumpel in Erwartung der Examen schwitzten und hartnäckige Lehrer sich im Vorgefühl der groben Bemerkungen, die sie über seine Examensarbeit zu machen gedachten (»Nein!«, »Falsch!«, »Blödsinn!«, »Hallo, was ist denn das?«, »Entsetzlich!«), die Lippen leckten, alles hinschmiß und seine Karriere aufgab.

Die anderen hartbedrängten Studenten meinten zunächst, mit einem gewissen Lächeln auf die Neuigkeit antworten zu müssen, daß ihr Prinz Marlowe sich vor den Prüfungen drücke, aber ihr Lächeln schwand, als sie hörten, daß Onuma einen Job ergattert hatte, der ihm finanziell das Doppelte von dem eintrug, was ein Student vernünftigerweise nach dem Abschluß erwarten konnte. Mehrere Tage lang hörte man nach diesem Ereignis von den Studenten des letzten Studienjahres nichts als Kritik am akademischen Beruf und seiner kärglichen Entlohnung. Ein oder zwei pflichtvergessene Charaktere folgten in der Tat Onumas Beispiel, doch da es ihnen an seinen Talenten gebrach, scheiterten sie.

Onuma war für eine europäische Firma, die ihren Sitz in Lagos hatte, auf dem Gebiet der Öffentlichkeitsarbeit tätig. Bei seinem Aussehen und seinem Charme hielten ihn seine Arbeitgeber für eine Naturbegabung. Seine Hauptaufgabe war, die gesellschaftlichen Formen zwischen den bestechlichen nigerianischen Politikern und Beamten sowie den europäischen Geschäftsleuten, die diese bestachen, aufzulockern. Auch gab es Gelegenheiten, wo in London beheimatete Manager, die Nigeria besuchten, sich die Zeit nahmen, die von der Hauptstadt gebotenen Spiele der Wollust zu genießen. Onuma stellte sein unvergleichliches Wissen über die Schlupfwinkel der Stadt ganz in ihre Dienste. Er war eine Kombination von Vermittler, Bauernfänger und Zuhälter und hatte großen Spaß an diesen Rollen. Bereits nach sechs Monaten bewarb er sich um ein Darlehen zum Kauf eines Wagens und erhielt es auch. Zuerst mußte er seinen Namen unter mehr Papier setzen, als er sich merken konnte. Gegen Ende der Verhandlungen wurde er dann zum Generalvertreter der Firma, Mr. Karolides, gebeten.

»Ich höre, Sie möchten einen Jaguar kaufen«, eröffnete Mr. Karolides das Gespräch.

»Ja«, sagte Onuma standhaft.

Mr. Karolides blinzelte ihn leicht verwirrt an. Er war ein breitgesichtiger, distinguiert aussehender Mann mit weißem Haar. »Warum, wenn ich fragen darf?« erkundigte er sich mit leichtem Stottern.
Eine Filmkamera müßte man haben, sagte sich Onuma. Die Frage konnte nur in einer Filmszene mit einer Reihe von Rückblenden eindrucksvoll beantwortet werden. Erstens: Eine Szene, die in Onumas für Eindrücke empfänglichen Geist eingeprägt war. *Dramatis personae:* er selbst und ein Mädchen von wonniglichen sexuellen Kräften. Die Kamera mußte auf seinem Gesicht spielen, aus dem Zuversicht und Vertrauen in die Güte des weiblichen Herzens sprachen. Dann sollte sie am besten auf seine Füße schwenken, um seinen Gang zu prüfen, der erst ein wenig aufgeregt war, sich dann aber festigte, um eine Mannesprobe auf Leben und Tod zu bestehen. Schließlich, Kamera, richte dich auf das Mädchen und leiste dort bitte anständige Arbeit. Füttere des Betrachters Begierde mit einem Überfluß an Bildern. Dann eine Szene mit nicht zuviel Licht. Junger Mann begegnet Mädchen mit dem Versprechen, daß sie in alle Ewigkeit glücklich sein werden. Diese Idylle müßte von einem Satyr in einem starken Wagen zerstört werden, der – mit Hilfe eben jenes Wagens – Hyperion besiegt. Es dürfte nun nicht schwer sein, auf einen orpheischen Entschluß Hyperions hinzuweisen, wenn nötig, in die Unterwelt hinabzusteigen, um sein entführtes Ich zu retten. Dann Straßenszenen in Lagos mit statusgemäßen Autos. Wie jedermann sehen kann, sind alle Fabrikate hier vertreten, darunter natürlich nur wenige Jags.
Schließlich verlangt das Drehbuch irgendeine Freudsche Erklärung für die Konkurrenzfähigkeit des Hyperioncharakters: Stets strebt er in allem nach dem höchsten Preis, doch wenn er ihn nicht bekommt, stirbt etwas in diesem jungen Mann.

»Sind Sie sich eigentlich bewußt, daß die Ratenzahlungen für den Jaguar mehr als die Hälfte Ihres Gehalts verschlingen werden?« fragte Karolides.
»Ich weiß«, sagte Onuma lächelnd. Imponierender Bursche, der Manager. Vorsichtig, klug, weitsichtig. Zweifellos ein treuer Gatte und liebender Vater. Was würde er über jene Charaktere sagen, die nur für einen großartigen Augenblick lebten? Einer von Onumas Freunden hatte fast sein ganzes Leben lang Geld gespart. Dann hatte er alles für die erste Rate (etwa ein Drittel der Gesamtkosten) eines Sportwagens geopfert. Er fuhr das prachtvolle Vehikel einen Monat lang, aber als er die zweite Rate nicht zahlen konnte, nahm ihm die Firma den Wagen wieder weg. Doch der Junge war nicht aus der Ruhe zu bringen. Er war zufrieden, den fürstlichen Wagen einen Monat lang gefahren zu haben. Das Erlebnis entschädigte ihn für den gewaltigen Verlust.
»Nun, jetzt können Sie lächeln«, sagte Mr. Karolides. »Wenn wir das Geld abzuziehen beginnen, werden Sie es nicht mehr tun.« Er unterzeichnete das letzte Schriftstück, das ein Geldverleihinstitut autorisierte, mit Garantie der Firma und zu einem räuberischen Zinssatz Onuma Geld zu leihen.
Der Kauf des Jaguars vollendete die Herausbildung eines Menschen, der in romantischer Selbstgefälligkeit schwelgte. Und Onuma kehrte nach Hause zurück, um dieses Ereignis zu feiern.

4

Die Hütte seiner Mutter war der einzige Ort im Dorf, der von Onumas Kritik ausgenommen war. Dort konnte einfach nichts falsch sein. Sie enthielt zu viele süße

Erinnerungen, die von der Liebe der alternden, munter kochenden Frau geprägt waren. Sie schien selbst im hohen Alter nie müde zu werden.
»Weißt du eigentlich, Mutter, daß ich fünfzehn Jahre weg gewesen bin?«
»Es war sehr lange«, sagte Oliaku und hantierte mit ihren Kochtöpfen.
»Du hast dich nicht verändert. Du bist immer noch ein junges Mädchen«, fuhr er fort.
Oliaku lachte. »Wahrlich, ein junges Mädchen. – Paß auf deinen Anzug auf. Du solltest dich nicht auf die Erde setzen.«
»Das macht nichts, Mutter.«
Onuma war aus dem neuen, mit Wellblech gedeckten Haus, in dem das eiserne Bett knarrte, in die Hütte seiner Mutter geflohen, wo sich die Schlafbank aus Lehm an der ganzen Wand entlangzog. Dieser Ort hatte in seiner Erinnerung immer das Zuhause dargestellt. Da war der so vertraute und geliebte Aufenthaltsraum mit den drei Schlafbänken, die auch als Sitzgelegenheit dienten, die Feuerstelle mit dem Regal aus Lehm und die Maisgarbe, die vom grasgedeckten Dach herabhing. Obwohl er die Hütte fünfzehn Jahre lang nicht gesehen hatte, war sie ihm so vertraut wie seine Handfläche.
Und genauso war es mit der Bitterkrautsuppe, die seine Mutter gerade für ihn kochte. Sie hatte sich erinnert, daß sie sein Lieblingsgericht war. Diese Bitterkrautsuppe zu bereiten, mußte ihr beträchtliche Sorgen gemacht haben. Er wußte, wie sehr sie seine Komplimente schätzen würde, und teilte sie daher freigebig aus.
»Mutter, das ist die beste Bitterkrautsuppe, die ich je gegessen habe.«
»Wirklich?« Sie glich einem jungen Mädchen, dem man Komplimente wegen seines Aussehens gemacht hat.
Als er aß, setzte sie sich hin und beobachtete ihn, völlig

ruhig und in ihm aufgehend. Zum Schluß der Mahlzeit versuchte er, sie für seine Tätigkeit zu interessieren, aber ihre Antworten zeigten, daß ihr nicht viel daran lag. So duselte er vor sich hin und wachte alle paar Augenblicke auf, um die schweigende Frau und den friedvollen Lichtkreis der Palmöllampe zu betrachten.

5

Onuma erwachte in einem Raum, dessen Kahlheit ihn bedrückte. Es war der dritte Tag seines Aufenthalts in Aniocha. Der Raum stand in einem solch schreienden Kontrast zu dem, in dem er die letzte Nacht verbracht hatte, daß er sich wie zwangsverschleppt vorkam. Es bereitete ihm Mühe, etwas für den Tag zu organisieren. Zunächst einmal mußte er sich waschen, und er dachte an die primitiven Waschvorrichtungen, die man hier geschaffen hatte: Hinten im Hof war ein schmaler Streifen mit Bambus und Palmblättern abgegrenzt, dorthin pflegte man einen Kübel Wasser zu schaffen, den man sich, auf nasser Erde stehend, über den Körper goß. Onuma zog es vor, lieber nicht zu baden, zumindest nicht an diesem Tag.

Von der unverputzten Betonveranda vor seinem Haus aus sah er, daß sich das *obi* mit Menschen füllte. Es würde nicht lange dauern, bis sie nach ihm zu fragen anfingen. Also beeilte er sich, eines seiner wenigen kostbaren, aber eleganten Gewänder anzulegen und zum *obi* hinüberzuschlendern. Dort saß Udemezue, den Magier zur Seite, inmitten einer Gruppe ungehobelt aussehender, kräftiger Männer.

»Das sind die Arbeiter.« Udemezue wies mit einer unbekümmerten Handbewegung auf die Männer, etwa zwanzig an der Zahl. Die meisten trugen Lenden-

schurze, ein paar zerschlissene kurze Hosen. Sie saßen oder hockten auf der um das ganze *obi* laufenden, aus Erde geformten Schlafbank und starrten Udemezue schüchtern an. Sie waren in einem Notstandsgebiet des Landes angeworben worden. Gewöhnlich wohnten sie bei einer wohlhabenden Familie in Aniocha, der sie die Miete in soundso vielen Tagen Farmarbeit die Woche zahlten. Für die übrigen Tage verdingten sie sich an andere Leute im Ort gegen einen festgesetzten Tageslohn. Udemezue hatte eine größere Anzahl von ihnen während der Anbauzeit beschäftigt und sie monatsweise bezahlt, aber nach den ersten zwei Monaten die Zahlungen eingestellt. Die Arbeiter jedoch hatten noch viele Monate weitergeschuftet. Zum Ende der Saison, mitten in der Ernte, hatten sie ihr noch ausstehendes Geld verlangt, doch Udemezue hatte jedem eine Anzahl Yamswurzeln gegeben und erklärt: »Geld ist gut und schön, aber ihr wollt doch jeder eure eigene Farm gründen. Bei den Yamswurzeln wißt ihr, was ihr habt, denn was könnt ihr euch für Geld schon anschaffen?« Die eingeschüchterten Arbeiter hatten die Yamswurzeln genommen, aber, sobald sie außer Hörweite waren, ihren Arbeitgeber hart verflucht.
Nach dem Yamswurzelfest kam nun eine neue Anbauzeit heran, und Udemezue hatte die Leute wieder gerufen.
»Ihr alle kennt das Land, das ihr für mich bestellt habt. Ein jeder hat dorthin zurückzukehren. Nächste Woche erhaltet ihr Yamssaatgut, und ich komme dann rum, um, wie üblich, die Aufsicht zu führen. Natürlich möchten wir, daß diesmal dem Land mehr Sorgfalt geschenkt wird.«
Die Männer saßen mürrisch, ablehnend da. Schließlich wies einer, der ihr Sprecher zu sein schien, darauf hin, daß sie sich, was die Vertragsbedingungen betreffe, unsicher fühlten.

»Bedingungen?« sagte Udemezue. »Was für Bedingungen?« Er schaute zum Magier und zu Onuma hin. Er hatte gern verständnisvolle Leute neben sich, wenn er ein so delikates Geschäft abschloß. Der Magier verstand den Fingerzeig und lachte.
»Was für Bedingungen?« fragte Udemezue mit gerunzelter Stirn.
»Geld!« knurrte der Sprecher der Arbeiter. Er schien bis an die Grenzen seiner Geduld gereizt. »Bekommen wir Geld ausgezahlt oder nicht? Unsere Frauen und Kinder leiden, und alle Dinge werden teurer. Wir haben es satt.«
Mit dem ironischen Gesichtsausdruck eines Menschen, der einem Kind den Willen lassen will, wartete er, daß der Mann zum Ende kam. Dann, als der mit einer hingemurmelten Bemerkung, die mit dem Ganzen nicht in Zusammenhang stand, geschlossen hatte, sprach er in sanftem, verächtlichem Ton: »Habe ich gesagt, daß ich nicht bezahlen würde? Warum regt ihr euch eigentlich auf?«
»Darum geht es nicht, Herr«, sagte ein anderer Arbeiter, bemüht, Udemezue zu beschwichtigen. »Es ist nur, daß die Zeiten hart sind, sehr hart! Ich brauche dir ja nichts vorzuschwindeln.«
»Arbeitet nur ordentlich«, erwiderte Udemezue, »und überlaßt alles andere mir. Ihr werdet kriegen, was euch zusteht.«
Die Arbeiter erhoben sich und trotteten, untereinander tuschelnd, hinaus.
Udemezue war mit dem Ergebnis des Palavers zufrieden. Er hatte sie nicht durch arrogantes Auftreten einschüchtern müssen. Sie wußten, daß er die Peitsche in der Hand hatte; wenn sie sich weigerten zu arbeiten, würden sie aus der Stadt gejagt und in ihre Hungergegend zurückgetrieben werden.

»Diese Dummköpfe!« Der Magier lachte. »Es sieht ihnen ähnlich, daß sie erst an den Lohn denken, wo sie doch besser erst an die Arbeit dächten, mit der sie ihn verdienen sollen.«

Onuma hatte die Art, in der sein Vater die Bauern behandelte, bewundert und volles Verständnis dafür aufgebracht, obwohl er selbst sie wahrscheinlich härter angepackt hätte.

»Wie gefällt dir dein Haus?« fragte Udemezue seinen Sohn.

Onuma sah, daß der Alte auf ein Kompliment aus war, und antwortete: »Oh, es ist neu und gut.«

»Aber nichts, verglichen mit dem, in dem du in Lagos wohnst«, fiel der Magier lachend ein.

»Ach, ein Haus ist wie das andere. Jedenfalls so lange, wie man irgendwo Schutz vor Regen und Sonne findet«, log Onuma.

Udemezue war nicht zufrieden mit der Antwort, schnaufte aber eine Weile gelassen vor sich hin.

Onuma merkte, daß er den Alten aus der Fassung gebracht hatte, und fragte ihn, um ihn zu besänftigen, welche Vorbereitungen zur Feier des großen Festes seiner Heimkehr getroffen worden seien.

Udemezue freute sich darüber, ließ es sich jedoch, um seine Würde zu wahren, nicht anmerken.

Das Fest sollte in drei Tagen, am nächsten Sonntag, gefeiert werden, und nach Udemezues Willen sollte es das größte sein, das je in der Gegend gefeiert worden war. Es sollte fünf Tage dauern. Jeden Tag sollte den Gästen eine Kuh geboten werden, dazu viele Ziegen und Hühnchen. Ein Großteil der Frauen in Aniocha buk bereits Kassava, und die Palmweinzapfer waren fest verpflichtet.

»Jedenfalls ist mir das Geld ausgegangen«, sagte Udemezue, »so daß du mir helfen mußt.«

Natürlich stammte alles Geld von Onuma, aber es war gut, den Glauben aufrechtzuerhalten, daß es das Fest des alten Mannes sei.

Am Morgen jenes Sonntags wurde Onuma von Philip, seinem kleinen Bruder, geweckt, einem schmächtigen, glotzäugigen Zehnjährigen, in dem man den potentiellen Gelehrten der Familie sah.

»Guten Morgen, Sir«, sagte der Junge akkurat auf englisch.

Onuma erwiderte auf Ibo: »Oh, Philip, wie geht es dir? Hast du gut geschlafen?«

»Vater kommt mit in die Kirche«, sagte der Junge ganz aufgeregt.

»Ich hab es auch gehört.« Onuma gähnte, denn er war noch müde. »Würdest du mir vielleicht die Schuhe putzen, Philip?«

»Ja, Sir.«

Philip plauderte während der Arbeit unablässig. Es bereitete ihm eine unermeßliche Freude, für seinen legendären großen Bruder zu arbeiten. »Hochwürden wohnt aber nicht hier. Er wohnt in Isu, doch er kommt jeden Sonntag, um die Messe zu lesen. Heute ist unser Tag. Und ich werde Meßdiener sein. Ich kenne jedes Wort, das in der Messe gesprochen wird.«

»Dann laß mich mal etwas hören«, forderte Onuma ihn auf.

»Sehr wohl. Hör zu.« Um sich zu konzentrieren, unterbrach Philip das Schuheputzen. *»Credo in unum Deum, Patrem omnipotentem, factorem caeli et terrae, visibilium omnium, et invisibilium.«*

»Und was heißt das alles?« bohrte Onuma weiter. »Sag es mir auf englisch.«

»Das sind eben die Worte der Messe. Man muß sie lernen.«

»Kannst du ›Ich glaube an Gott‹?« fragte Onuma.

»Ich glaube an Gott den Vater, den Allmächtigen, Schöpfers Himmels und der Erde.«
»Genau das bedeuten die Worte der Messe. Haben sie dir das nicht gesagt?«
»Nein.«
»Nun, dann solltest du mal hingehen und mit dem Priester der Gemeinde sprechen.«
Philip stimmte ein spöttisches Gelächter an. Offensichtlich betrachtete er eine Herausforderung des Gemeindepriesters als ein Wagnis sondergleichen.
Er hatte die Schuhe recht ordentlich geputzt und erwartete nun weitere Anweisungen. »Möchtest du jetzt baden?«
»Ja.«
»Ich zeig's dir. Wir haben für dich einen neuen Baderaum.« Der Junge schöpfte Wasser in einen Eimer, trug diesen zu dem Badeplatz hinter dem Bambuszaun und wartete dann schwatzend vor der geschlossenen Tür, während Onuma sich wusch.
Nachdem Onuma sich angezogen hatte, begab er sich zum Wagen, um diesen nachzusehen. Dort wartete bereits seine Mutter, gekleidet in die bunte *buba*, die Stola, die er ihr vor ein paar Monaten geschickt hatte. Er ließ sie auf dem hinteren Sitz Platz nehmen und ging dann seinen Vater rufen.
Udemezue überraschte einen jeden durch die Heiterkeit, mit der er dem Kirchgang entgegensah. Er war noch nicht zum Christentum übergetreten, aber zur Kirche zu gehen, um dort eine Show vor diesen eingebildeten Kirchenmitgliedern abzuziehen, das sagte seinem herrischen Charakter zu. Als Onuma zu seiner Hütte kam, war er eifrig bemüht, die vielen Insignien des *ozo* zu putzen, die er eine ganze Weile nicht angelegt hatte.
In einer Öffnung oben im Grasdach des *obi* tauchte plötzlich ein Gesicht auf. Das des Magiers.

Seit Onumas Heimkehr hatte der Magier die Rolle eines Faktotums in Udemezues Haushalt übernommen. Er war gerade auf eine Leiter gestiegen, um einen in den Dachsparren des *obi* steckenden *ozala* herunterzuholen. Der riesige Elefantenzahn wurde langsam heruntergelassen und neben die Familiengötter gelegt, die alle vom Alter gezeichnet waren.
Bald trat Udemezue, unter Vorantritt des Magiers, der das Zeremonienelfenbein der Familie trug, aus dem *obi.* Es wurde ein hartes Stück Arbeit, den Zahn im Wagen zu verstauen. Zunächst versuchten sie es im Kofferraum, aber der war nicht groß genug. Doch dem Magier gelang dann das Kunststück, den Zahn vor den Vordersitzen unterzubringen.
Udemezue wurde hinten in den Wagen gesetzt. Der Magier ließ sich taktvoll neben dem Fahrer nieder. Aber als sie gerade starten wollten, entdeckte Onuma Philip, der sie mit seinen großen Augen anstarrte. »Komm und fahr mit, Philip«, rief er.
»Nein, laß ihn zu Fuß gehen«, befahl Udemezue. »Lauf hinter deinen Brüdern her, Junge.«
Doch Onuma kam nicht von den sehnsüchtig blickenden Augen los. »Er kann bei mir vorn sitzen. Komm her, Philip.«
Schließlich mußte der *ozo*-Stab noch untergebracht werden. Udemezue hielt ihn schräg, die Spitze zum Kotflügel hin gerichtet. Das aber war unbequem, und er konnte ihn nicht lange so halten, zumal Klein Philip vorn weiteren Platz wegnahm. Also ragte der Speer dann mit der Messingspitze hinten heraus. So verblieb er während der ganzen Fahrt, für die Leute am Straßenrand ein Objekt der Bewunderung, für Fußgänger und Radfahrer eine ständige Gefahr.
Als der goldfarbene Jaguar vorfuhr, erregte er großes Aufsehen. Er war nicht der einzige Wagen, der vor der

kleinen Kirche parkte, aber der einzige neue. Die anderen waren uralte Vehikel und gehörten Kaufleuten, die aus Nachbarorten gekommen waren, um das Wochenende in Aniocha zu verbringen. Die Kirchengemeinde hatte sich auf ihren Plätzen niedergelassen, der Priester wurde jeden Augenblick erwartet.

Unmittelbar bevor sich die Familie in die Kirche begab, flüsterte Oliaku ihrem Sohn etwas ins Ohr. Der stets aufmerksame, geschickte Magier schnappte die Botschaft auf und nickte nachdrücklich, als stimme er dem, was sie gesagt hatte, zu.

»Was ist das?« fragte Udemezue.

»Oh, die Kirchengebühr«, sagte Onuma. Er händigte dem Magier etwas Geld aus, der daraufhin mit gewichtiger Miene in die Kirche schritt. Wenig später kam der Katechet, eine dickbäuchige Figur mit blankem, glänzendem Schädel, glückstrahlend und devot zum Vorschein.

»Lobet den Herrn und die gebenedeite Jungfrau. Häuptling Udemezue ist nun doch noch des Lichts gewahr geworden. Willkommen.« Er schüttelte Onuma die Hand, verlor aber plötzlich das Interesse an ihm und konzentrierte sich voll auf den Vater. Anfangs meinte er, die *ozo*-Insignien kaum verdauen zu können. Sowohl der Stab, den Udemezue mit sich führte, als auch der Elefantenzahn betonten das Heidentum ein wenig zu sehr. Doch schließlich sagte sich der Katechet, daß man nicht kleinlich sein dürfe.

Udemezue nahm die Aufmerksamkeit des Katecheten kommentarlos hin. Er erinnerte sich der vielen Bekehrungsversuche seitens verschiedener Sekten. Stets war er diesen mit tiefer Verachtung begegnet.

Alle Bänke in der kleinen Kirche waren bereits besetzt, also mußte der Katechet, um den Neuankömmlingen gefällig zu sein, eine ganze Bank räumen, sehr zum Ärger eines jungen Taxifahrers, der zur gleichen Altersgruppe wie Onuma gehörte und sich beleidigt fühlte, daß dieser ihm vorgezogen wurde. Für ihn mußte ein anderer Platz weiter hinten in der Kirche gefunden werden, wo er dann im weiteren Verlauf des Gottesdienstes ein lautstarkes Zentrum der Unzufriedenheit bildete.

Vielleicht war die ungewohnte Anwesenheit eines der führenden Männer aus dem Ort daran schuld, daß sich der Katechet mehr denn je anstrengte. Im Normalfall gab es keinen Zweifel an seiner Autorität. Sonst überschattete er dank seines offenkundigen Einsatzes den Auftritt des die Messe zelebrierenden weißen Priesters. An diesem Tag war er überall zu finden. Er beschwichtigte im Seitenschiff Krawallmacher. Er schlichtete da und dort einen Streit über das Eigentumsrecht an einem Platz in der Kirche. Er übernahm vom Schullehrer den Chor und übertönte die Stimmen der jungen Chormitglieder. Als das Gebet fällig war, übersetzte er die Botschaft des Priesters in die Ibo-Sprache, vereinfachte dessen schwer verständlichen Glaubenssatz und fügte ein oder zwei starke Worte bei seinen Lieblingstheorien und gegen seine Lieblingsfeinde ein. Als Hochwürden gegangen waren, versenkte er sich in seine eigene Predigt und erging sich in ihr. Schließlich verkündete er, daß er berechtigt sei, im Namen des Priesters zu sagen, die heutige Messe sei dem Ruhme Gottes gewidmet, dem man danken müsse, daß er »unserem Bruder Onuma, dem Sohn des Häuptlings Udemezue Okudo« den Heimweg sicher gewiesen habe und den Häuptling selbst das Licht habe schauen lassen.

Zum Schluß der Messe wurden Onuma und sein Vater abgeholt, um dem Kirchenvorstand vorgestellt zu werden. Auch der Magier kam, hielt sich aber im Hintergrund und ließ sich keine Chance entgehen.

Die prominenteste Person des Kirchenvorstandes war ein Mann, der allgemein als der Schneider bekannt war, denn das war sein Beruf. Er war ein lang aufgeschossener, dünner, ernst dreinblickender Mann mit starkem Backenbart. Onuma erinnerte sich, daß in seinen Jungenjahren dieser Schneider die Kinder mit seiner Grausamkeit terrorisiert hatte. Allen Drückebergern gegenüber bediente man sich seiner als Butzemann. Wer den Religionsunterricht schwänzte oder samstags nicht an der Gemeinschaftsarbeit teilnahm, wurde dem Schneider gemeldet. Und der bediente sich ohne alle Skrupel der Peitsche, obwohl er keine ausdrückliche Erlaubnis dazu besaß.

Mit zunehmendem Alter war der Schneider ruhiger geworden. Onuma meinte ihn dann und wann dabei zu erwischen, daß er ihn antippen wollte, was sehr nach einem verstohlenen Hinweis aussah. Und als dann der Beifall für den ertönte, der Erfolg hatte, spendete er mehr als die meisten.

Der Katechet war zu der Einsicht gelangt, die Okudo-Familie genügend publik gemacht zu haben, und ließ die anderen Führer sich ihrer Redefreudigkeit hingeben. Der Schneider nahm einen von Onumas früheren Lehrern für sich in Beschlag und behauptete, daß der Grundstein für Onumas Ruhm von den Lehrern gelegt worden sei.

»Was ist mit uns, die wir diese Kirche zwanzig Jahre lang unterhalten haben? Hätten wir ohne die Kirche Schulen, und könnte es ohne Schulen Lehrer geben?«

Der Lehrer erkannte den Trugschluß in der Behauptung des Schneiders, war aber zu erhaben, um zu widersprechen, und ließ den Alten in dem Glauben, das Argument durchgesetzt zu haben.

Udemezue saß während des ganzen Palavers schweigend da. Hätte er in allem nicht einen Tribut an Onuma gesehen, wäre er sicherlich ungeduldig geworden. Was aber den jüngeren Mann betraf, der hier im Kreis älterer Herren saß, die ihn in seiner Kindheit eingeschüchtert hatten, so stieg ihm ihr Lob nun zu Kopf: In einem Augenblick der Verzückung stand er auf und bot ihnen fünfzig Pfund für die Kirchenkasse an. Seine Rede hatte eine elektrisierende Wirkung. Die Mitglieder des Kirchenvorstandes erhoben sich lärmend, umarmten sich, schüttelten einander die Hände, und einer klopfte dem anderen auf die Schulter. Als die Besucher sich zu dem Wagen begaben, war die Atmosphäre einem Tumult nahe. Noch bevor sie abflaute, hatten der Magier und der Schneider begonnen, um die Plätze im Wagen zu kämpfen.

»Hast du überhaupt schon mal in einem Wagen gesessen?« fragte der Magier.

»Wenn du den Fuß in diesen Wagen setzt, werde ich ... ich weiß nicht, was ich dann tue, ich schwöre ...«

»Haha!«

Onuma regelte die Angelegenheit, indem er beide mitfahren ließ, einen vorn und den anderen als dritten hinten bei seinen Eltern. Aber eine Weile starrten sie einander noch an, bis die Annehmlichkeiten des Wagens wohl ihre Galligkeit vertrieben.

Zu Hause wartete eine große Menge. Das *obi* war gestopft voll, die Leute hatten sich auch unter die schattenspendenden Bäume des Gehöfts verteilt. Die meisten gehörten zur *umunna,* oder sie waren Verwandte aus anderen Dörfern, die zum Fest der Kuh erschienen waren.

Sobald sich Udemezue niedergelassen hatte, brachten Frauen ihm nacheinander große Brocken Fleisch. Nach altem Brauch gehörten bestimmte Teile der Kuh bestimmten Ältesten der *umunna.* Udemezue mußte sich davon überzeugen, daß diese Teile in Ordnung waren.

Der geschäftig hantierende Vorschneider Nweze stand ihm als Autorität mit Rat und Tat zur Seite. Udemezue kümmerte sich wenig um die ihm im Verwandtenkreis Gleichgestellten, aber er mußte sich vergewissern, daß alle den ihnen rechtmäßig zustehenden Anteil bekamen. Der alte Imedu erhielt seine eigene Portion und begann ihretwegen auf Udemezue zu fluchen. Nur ein Mitglied der Okudo-Familie schien von seinem Haß ausgenommen – Oliaku, die Frau des Häuptlings. Als sie gerade am *obi* vorbeiging, rief der Alte: »Mutter, haben wir gutes Bitterkraut zu Haus?«
»Wir geben uns die größte Mühe«, antwortete sie und lächelte mild.
»Eine gute Frau. Du gehörst nicht zu diesen Schurken. Udemezue Okudo, ich spucke dir ins Gesicht.« Sprach's und grub seine spärlichen Zähne in einen Batzen Fleisch.
Der Magier gab sich große Mühe, immer neuen Palmwein heranzuschaffen. Er bezahlte die Palmweinzapfer, die ihre Kalebassen zum Gehöft gebracht hatten, und strich dabei seinen Teil ein.
Onuma hatte eine Anzahl junger Gäste mit in seinen Raum genommen. Unter ihnen war auch der »Revolutionär«, der aufbrausende Taxifahrer, der in der Kirche von seinem Platz vertrieben worden war. Sein Name war Chukwuemeka, der neuesten Mode entsprechend kurz Chuks gerufen. Bei einigen Glas Bier hatte er sich mittlerweile beruhigt und hänselte nun Onuma. »Gewöhnlich habe ich dich besiegt.«
»Wann hast du mich besiegt?« griff Onuma den Taxichauffeur spottend an.
»Leugnet er es etwa? Ich werde ihn wieder besiegen.«
»Geh und kämpfe mit Leuten deines Alters.«
Mit Hilfe seiner Altersgefährten konnte Onuma nun kräftig auftrumpfen. Sie waren ungehobelte Burschen,

aber voller Tatendrang, und sie vermochten Onuma zum Lachen zu bringen.
»Erzähl uns von den Mädchen in Lagos«, sagte der Taxifahrer.
»Diese Mädchen sind einfach prachtvoll und für so gut wie nichts zu haben. Und sie beherrschen alles bestens.«
Woraufhin ein rauhes Gelächter erscholl.
In der Nähe des *obi* kam es zu einem kleinen Tumult. Sie hörten eine Frauenstimme rufen: »Mir haben sie nichts davon gesagt. Aber ich habe es gehört. Niemand kann vor mir irgendwas verheimlichen.«
Eine große, hübsche Frau stand wie aufgeblasen da und blickte Udemezue anklagend an. Es war seine Schwester Chijioke, die in die nächste Stadt verheiratet worden war. Alle Männer starrten sie voller Respekt an und lächelten.
»Willkommen, Tochter«, sagten sie, bemüht, sich bei ihr einzuschmeicheln.
Sie würdigte sie keines Blickes und wandte sich an ihren Bruder: »Wo ist mein Sohn – unser Sohn, wenn es dir gefällt.«
Udemezue wies mit einer langsamen Bewegung auf das Blechdachhaus.
»Dort also hast du ihn versteckt?« Sie marschierte zu Onumas Haus und rief: »Komm raus, junger Mann!«
Onuma erschien auf unsicheren Beinen.
»Los, verbeug dich!« befahl sie.
Er beugte den Körper leicht vor. Sie gab ihm einen Klaps auf den Rücken. »Sieh mal an, wie der Kleine gewachsen ist. Und wo ist nun mein Anteil am Festmahl?«
Onuma begab sich in das Haus und kehrte mit einem Stück Samt zurück.
»Seht euch an, was ich bekommen habe, ihr Geizhälse«,

schrie sie und zeigte das Tuch. »Ihr könnt mich wahrhaftig nicht daran hindern, glücklich zu sein.« Umwogt vom allgemeinen Beifall, tanzte sie eine Weile, dann gesellte sie sich zu den Männern im *obi* und ließ sie nicht mehr zu Wort kommen.

Die *umunna* war geschlossen beisammen. In Bälde würden die übrigen Bewohner von Aniocha erscheinen, um am Fest teilzunehmen.

Der Höhepunkt der Feierlichkeit sollte ein dem Wagen dargebrachtes Trankopfer sein.

Der Jaguar war in die Nähe des *obi* geschafft worden. Dort kauerte er in königlicher Ruhe wie ein riesiges Totem, bekränzt mit rituellen Blumen. Die ganze Familie schickte sich nun an, eine feierliche Stimmung zur Schau zu tragen, aber da störte sie der alte Imedu, der sich schwankend erhob und theatralisch auf Onuma zeigte. »Er ist mein Sohn«, kreischte er.

»Ja, natürlich ist er dein Sohn«, sagte Onumas Mutter, bemüht, den Alten zu beruhigen.

Die Einmischung ließ Imedu noch wütender werden.

»Er ist bestimmt, mein Nachfolger zu werden, verstehst du?« rief er und zeigte noch immer auf Onuma. »Er ist nun der Priester des Schreins, der Herr des Festes, die Gesundheit der Ernte, der Beleber der Wasser. Mein Sohn ist der Herr des Festes und der Beleber der Wasser. Werdet ihr euch vor dem Priester des Schreins verneigen?« bellte er.

»Genug davon, Alter«, sagte der Magier ungeduldig.

»Und du!« schrie Imedu und wandte sich bösartig dem Magier zu. »Du Sohn eines ausgelaugten Vaters, du Bastard eines Mischlingsstammes. Wage du nur, mich zu hindern, wenn ich meinen *ofo* an meinen Nachfolger weitergebe.

»Laß den alten Mann in Frieden«, sagte jemand.

»Er soll rauskommen«, rief Imedu lautstark und hielt

die Menge mit hypnotisch starrenden Augen zurück. Er soll sich mit dem Priester des Schreins verweben.« Und als ihn niemand unterbrach, fuhr er fort: »Ich bin bereits tot. Mein Geist hat mich in der letzten Nacht mit dem Schrei der Eule verlassen und ist heute morgen in den Farben des Regenbogens am Himmel erschienen. Aber mein Sohn lebt. Ich bin verbraucht, aber er lebt. Mein Sohn ist Priester des Schreins, und ihr müßt euch vor ihm verneigen.«
Der letzte Teil der Rede war nur noch so etwas wie ein erschöpftes Gemurmel, bei dem sich der alte Mann in einen leeren Sessel plumpsen ließ.
Nach diesem Drama mißglückte der Rest der Zeremonie. Zunächst mußte mit einem »heißen Drink« das Trankopfer dargebracht werden. Es herrschte allgemeines Einverständnis, daß ein »heißer Drink« – Whisky, Brandy, Schnaps oder Gin – als Trankopfer wesentlich wirkungsvoller wäre als Palmwein. »Der Wagen«, sagte der Magier, »kann keinen Palmwein trinken. Palmwein ist weit unter seiner Würde.« Dann folgte eine Reihe von Reden, in denen verschiedene Stammesmitglieder unterschiedlichsten Nüchternheitsgrades das Glück des Clans priesen, den sagenhaften Wagen zu besitzen.
»Von heute an«, sagte der Hirt, »sind wir die Größten. Wenn irgendein Clan behaupten will, er sei uns gleichgestellt, so soll er nur kommen!«
Den Worten wurde Beifall gezollt.
»Ich gehe nach Hause«, verkündete der alte Imedu, nachdem der Beifall verklungen war. »Freßt nur Scheiße, ihr Burschen.« Er spie mit Nachdruck in die Luft. »Ich bin der Priester des Schreins, und wenn Udemezue nein sagt, so soll er Scheiße fressen!«

6

Das Fest war vorüber. Hunderte Menschen aus den fünf Gemeinden waren dagewesen, trugen Fleisch von der Kuh nach Hause und priesen Udemezues Namen. Im Anwesen hatten die zahlreichen angeworbenen jungen Dienstleute manchen Tropfen Schweiß vergossen und Frieden zwischen rivalisierenden Clans gestiftet, die sich über Privilegien hinsichtlich besonderer Teile der Kuh stritten.
Onuma war erleichtert. Ein paar Tage später überlegte er sich, daß er eine Runde durchs Dorf machen sollte. Seine Mutter hatte ihn dringend aufgefordert, sich rundum sehen zu lassen und einen veredelnden Einfluß auf die Nachbarn zu nehmen. Diese Art Grundbesitzertätigkeit liebte er gar nicht sehr. Seine Mutter jedoch war hartnäckig geblieben, und um ihr einen Gefallen zu tun, ging er. Er hatte den Ort schon nicht in bester Erinnerung, aber nun wunderte er sich doch, wie schnell es mit ihm bergab ging. Die meisten Häuser verfielen, und niemand schien sich um ihre Instandsetzung zu kümmern. Vielleicht tat die trockene Jahreszeit ein übriges, die Landschaft so fremdartig nackt erscheinen zu lassen. Viele der riesigen Irokobäume hatten die Blätter abgeworfen, und einige Flecken Land waren verbrannt. Die Menschen blickten traurig drein und erweckten den Eindruck, daß sie etwas zu essen vertragen könnten. In der Mehrzahl waren es alte Männer und kleine Kinder. Die jüngeren Leute waren allesamt in die Städte abgewandert. Onuma fand es auf unbestimmte Art schwierig, diese Geisterstadt mit den reizenden Stätten seiner Jugend in Einklang zu bringen.
Die Pfade im Dorf waren schwer zu befahren, denn im Laufe der Zeit hatte Unkraut sie überwuchert. Jedes Jahr zu Weihnachten kamen die jungen Leute aus den

Städten zurück und erneuerten die Straßen, aber sowie sie ihnen den Rücken kehrten, behauptete der Busch aufs neue seine Herrschaft.

Onuma suchte zuerst das Haus eines reichen Mannes namens Dilibe auf, aus dem einzigen Grund, weil die Zufahrt am besten in Ordnung war. Der *ozo* war nicht daheim, aber die Frauen und Kinder waren sehr glücklich, Onuma zu sehen. Die erste Frau, die er besuchte, ein sehr fettes, kohlrabenschwarzes Individuum, gab den anderen ein Zeichen. Alle kamen zu ihrer Hütte gerannt und riefen: »Was hast du uns aus Lagos mitgebracht?«

»Ich kam, um eure Bitterkrautsuppe zu trinken«, sagte er.

Sie lachten und bestürmten ihn noch mehr. Er war mit der Erwiderung flink zur Hand, spielte mit den Kindern und verabschiedete sich.

Nun, es war trotz allem ein Erfolg gewesen. Er seufzte erleichtert. Ihn störte lediglich, daß die Frauen ihre unzüchtig aussehenden Brüste zu entblößen pflegten. Er kannte nichts Häßlicheres als eine platte, ausgelaugte Brust, die bei einer Frau vom Lande vorn schlapp herunterhing.

Als er von einem anderen Besuch zurückkam, sah er, daß jemand sich ungezwungen an den Wagen lehnte. Es war der Magier.

»Du machst die Runde durch den Ort?« fragte er lächelnd Onuma.

»Ja«, erwiderte Onuma kurz angebunden und stieg in den Wagen. Aber der Magier hielt ihn in freundlicher Art und mit festem Griff zurück.

»Was wir jetzt bereden, bleibt unter uns«, sagte er verschwörerisch. »Ich habe mit deinem Vater nicht darüber gesprochen, weil ich mir nicht sicher war, ob er es begreifen würde. Du verstehst, sie sind altmodisch.«

Onuma wurde ungeduldig, aber der Magier raubte ihm die Zeit und breitete seine Geschichte vor ihm aus.
»Was ich meine, ist folgendes: Hast du irgendeine Protektion?«
»Was verstehst du unter Protektion?«
»Du mußt gegen Unfälle geschützt werden und gegen die bösen Absichten deiner Feinde. Die Welt ist schlecht heutzutage. Niemand denkt Gutes von seinen Mitmenschen. Und wenn du keinen Schutz genießt, werden sie dich erwischen.«
»Ich habe all den Schutz, den ich brauche«, sagte Onuma und reckte seine breiten Schultern.
»Ja, mit den Dingen, die du sehen kannst, magst du fertig werden, aber was ist mit denen, die auf dich zukommen, ohne daß du es merkst? Wie kannst du dich gegen das Böse Auge verteidigen? Sag es mir!«
»Was ist ein Böses Auge?« fragte Onuma belustigt.
Der Magier, der offensichtlich nicht wußte, was das Böse Auge war, ging der Frage aus dem Wege. »Es stehen verschiedene Gegenmittel zur Wahl, und meine Preise sind niedrig. Du kannst Zauberringe aus Arabien oder Öl vom heiligen Ganges haben.«
Onuma hatte diese Art Gerede schon früher gehört und konnte seinen Wert einschätzen. Er befreite sich also aus dem Griff des Magiers und startete den Wagen. Beim Wegfahren hörte er, daß die Stimme des Geheimdoktors ihn verfolgte. »Verachte das *ogwu* nicht. Kein politischer Führer, kein Lehrer, kein Student kommt ohne *ogwu* aus. Hüte dich vor dem Bösen Auge . . .« Er folgte dem Wagen zu Fuß, bis Onuma Gas gab und ihn weit zurückließ.
Onuma hielt nach dem nächsten Haus Ausschau, dem er einen Besuch abstatten wollte; mit ihm verbanden sich sehr angenehme Erinnerungen. Es gehörte Ire, einer sehr alten Frau, die in jüngeren Jahren für ihre Zungen-

fertigkeit berühmt gewesen war. Ihr Name war sprichwörtlich geworden; jeder, der seiner Zunge ein wenig zu freien Lauf ließ, wurde als »Ire« bezeichnet. Ires Zunge war sehr spitz, aber manch einer mochte daran Gefallen finden, von ihr gepikt zu werden, denn Bosheit war Ire fremd. Sie hatte ein Herz für die Jugend, und selbst wenn sie sie unbarmherzig schalt, überließ sie ihnen zum Schluß doch die Apfelsinen oder Birnen aus ihrem Garten, um die sie bettelten.

Zu Onumas Bestürzung und Kummer schwieg die berühmte Zunge. Ire lebte zwar noch, war aber in einem traurigen Zustand des Verfalls. Ihre Schwiegertochter, auch schon in den Jahren, saß bei ihr, und als ihr Onuma gemeldet wurde, schien sie sich nicht erinnern zu können. Sie schaute ihn mühevoll an und fragte: »Wessen Sohn ist er?«

»Der Sohn von *ozo* Udemezue Okudo. Du kennst ihn bestimmt, Mutter. Er mochte Apfelsinen so gern.«

Es schien, daß sich Ire zu einer ihrer berühmten witzigen Bemerkungen aufraffen wollte. Onuma war entzückt, noch einmal das alte Feuer zu erleben.

»Wozu trägt er einen Bart?«

»Das ist eine neue Mode bei den jungen Leuten.« Die Schwiegertochter lachte, aber Ires Anteilnahme schwand wieder. Ihre Begleiterin flüsterte Onuma zu: »Die anderen sind vorn in dem Haus.«

Die anderen waren ihre Kinder und ihr Mann, und sie lebten in einem neuen Blechhaus im Vorderhof des Anwesens. Als Onuma den Wohnraum betrat, schien niemand dazusein. Er klatschte in die Hand, worauf ein Mädchen unwirsch fragte: »Wer ist da?«

Onuma wollte sich nicht selbst ankündigen und klatschte noch einmal in die Hände.

»Komm rein. Steh nicht rum und klatsch«, rief die Stimme.

Onuma öffnete die Tür zu dem Raum, aus dem die Stimme kam, und stand im Schlafzimmer eines Mädchens, das ganz still auf einem schmalen eisernen Bett lag.

Als sie ihn eintreten sah, blickte sie ihn geringschätzig an. »Ach, du bist es«, sagte sie. »Setz dich hin.«

Sie hieß Rita. Onuma erinnerte sich ihrer als eines linkischen, spindeldürren Schulmädchens, aber inzwischen hatte sie sich nett herausgemacht. Ihr war ein bestimmtes Strahlen eigen, von dem er aus Erfahrung wußte, daß es auf einen leidenschaftlichen Körper hinwies. Onuma war ein viel zu ausgebuffter Galan, als daß er sich nach so vielen Jahren durch ihren kühlen Empfang hätte vertreiben lassen. Der war wahrscheinlich eine Technik, die sie für den Umgang mit Männern entwickelt hatte. Oder sie war vielleicht gelangweilt, weil sie den ganzen Tag keine Gesellschaft gehabt hatte. Also lächelte Onuma sie herausfordernd an und weigerte sich, ihre Laune ernst zu nehmen. Allmählich begann sie, Interesse an ihm zu finden.

»Wann bist du zurückgekommen?« fragte sie.

»Vor ein paar Tagen«, sagte er.

»Oh«, sagte sie und begann zu gähnen. Sie erzählte, sie sei Lehrerin in einem der Dörfer und verbringe ihre Ferien daheim. Ihre jüngere Schwester, die noch im Hause lebe, lerne auch, um Lehrerin zu werden. Er berichtete ihr von Lagos. Sie hakte bei einigen Punkten ein und stellte sie richtig. Wie er sich entsann, entsprach diese Kampfeslust ihrer Art viel mehr. In jungen Jahren war sie ein freiheitsliebender, hitziger Geist gewesen, ein Zug, den sie wahrscheinlich von ihrer Großmutter hatte.

Der Abend wich langsam der Nacht, und Onuma schlug eine Spazierfahrt vor.

»Okay«, sagte sie, »aber ich will mich erst anziehen.«

»Möchtest du, daß ich das Zimmer verlasse?«
»Möchtest du?« Sie lächelte gönnerhaft.
»Nein. Du meinst, ich hätte noch keine nackte Frau gesehen?«
»Du bist durch und durch verdorben«, sagte sie träge. Ohne im geringsten befangen zu sein, schlüpfte sie aus den zerknitterten Sachen, in denen sie es sich zu Hause bequem gemacht hatte, und stand in BH und Höschen da. Onuma griff rasch nach einem Magazin und begann zu lesen. »Sag, wenn du fertig bist«, sagte er.
Nur wenige Augenblicke später verkündete sie: »Fertig.« Sie gingen zum Wagen. »Oh, ein Jaguar!« rief sie aus und erbebte.
Die Bemerkung überraschte Onuma. Er hatte gedacht, jeder wisse Bescheid. Hatte nicht der ganze Ort eine Pilgerfahrt zu Udemezues Gehöft unternommen, um den legendären Wagen zu besichtigen? Auch Leute aus viele Meilen entfernten Gemeinden waren gekommen. Es sah ihr gar nicht ähnlich, daß sie nicht Bescheid wußte.
Sie beantwortete seine unausgesprochene Frage. Sie sei fort gewesen und gerade erst nach Hause gekommen, sagte sie. Sie ließ sich nicht weiter darüber aus, und auf einmal ging es Onuma mit einem Anflug von Eifersucht durch den Kopf, daß sie mit einem anderen Mann geschlafen haben müsse. Aber er gab nichts darauf, da sie ihm jetzt ganz gehörte. Sie ließ ihn auf alle mögliche Art wissen, daß sie sich ihm ergab und unterwarf. Sobald er sie nur ansah, gab sie ihm mit einem kleinen, zitternden Lächeln zu verstehen: Du kannst mit mir machen, was du willst, ich vertraue dir.
Der Jaguar und der Luxus und die Macht, die hinter dem Luxus stand, hatten sie überwältigt und ihr jeglichen Willen geraubt. Selbst wenn sie es gewollt hätte, sie konnte nicht widerstehen. Und sie wollte es gar

nicht. Sie war zufrieden, von Glück erfüllt und mit der Welt in Einklang. Onuma hatte diese Art Reaktion auf den Wagen schon früher kennengelernt, aber er ließ nie davon ab, dieses Phänomen zu bewundern: die Macht, die ein Wagen auf ein Mädchen ausübte. Aber wozu analysieren und das Erlebnis zergliedern, statt es einfach zu genießen, sagte er sich.

Onuma nahm Kurs auf einen einsamen Abzweig der Hauptstraße, der nach dem abgelegenen Dorf Obunagu führte.

»Wohin fährst du mit mir?« fragte sie.

»Du brauchst keine Angst zu haben.«

»Ich weiß, daß ich keine Angst zu haben brauche«, sagte sie mit Bestimmtheit.

An einer Stelle war neben der Straße eine Lichtung, die ringsrum von Mangobäumen gesäumt war. Er lenkte den Wagen auf diese Lichtung und parkte ihn dort.

Die Finsternis hatte mit dramatischer Schnelligkeit den Tag vertrieben. Selbst Onuma war ein wenig bedrückt von der weiten Leere des Landes rundum. Plötzlich vernahm er eine lange, immer länger werdende Wehklage. Sie schien vom Dach des Wagens zu kommen. Das Mädchen wimmerte und klammerte sich an ihn. »Was ist das?« fragte sie ängstlich.

Onuma lauschte und sagte: »Nur eine Trommel oben auf dem Berg.«

»Oh«, sagte sie, ein wenig erleichtert. »Laß uns zurückfahren.«

»Dir wird nichts passieren.«

»Bitte, Onuma. Laß uns zurückfahren.«

Er schloß sie in seine Arme, dann nahm er ihre Oberlippe zwischen seine Zähne und spielte genüßlich mit ihr, sie schmiegte sich ganz eng an ihn und ließ dann mit geschmeidiger Kundigkeit ihre Zunge um die seine kreisen.

»Was möchtest du denn mit mir machen?« fragte sie.
»Rate mal.«
»Du willst mich bumsen?«
»So ist es.«
»Ich weiß. Du wirst mich befummeln und mich dann scharf gemacht und durstig sitzenlassen.«
Onuma war ein wenig bestürzt, als er hörte, wie leidenschaftlich sie sprach. Aber er ließ sich davon nicht aufhalten. Er wies ihr den Weg nach hinten in den Wagen, und sie folgte ihm lammfromm. Dort entledigte sie sich sorglos ihrer Sachen, schlüpfte schweigend und mit ritueller Grazie aus ihrem Kleid und rollte sich auf der hinteren Sitzbank zusammen. Durch die Finsternis konnte Onuma ihre Augen sehen, die ihn mit trauriger Neugier anblickten. Als er in sie eindrang, erschauerte sie unter dem ungestümen Aufprall seines Körpers, bewegte sich ein paar Augenblicke lang wie von Krämpfen geschüttelt und erschlaffte dann.
Was für ein Getue, dachte er später, als er nach Hause fuhr. Was für eine inhaltlose Körperübung. Er schaute Rita ärgerlich an. Sie duselte vor sich hin, die feuchten Lippen träge geöffnet.
Die überschwengliche, alles überbetonende, sich einschmeichelnde, gefügige Nutte, dachte er. Aber seine Verachtung war nicht von langer Dauer. Denn als er die vollendeten Kurven betrachtete und das sinnliche Glühen der Haut sah, begann er ihrer weiblichen Einwirkung nachzugeben. Sein Körper verlangte wieder nach ihr. Er beugte sich zur Seite, fuhr mit der Zunge über ihre leicht geöffneten Lippen und konzentrierte sich von neuem aufs Fahren.

7

Onuma krönte die Feierlichkeit mit seiner Teilnahme an einem Tanzvergnügen, das in Isu, dem ein paar Meilen entfernten Sitz der Distriktverwaltung, stattfand. Tanzveranstaltungen mit örtlichen Kapellen, die im Kielwasser der Tankstellen und Wasserzapfstellen aus den Städten kamen. Mit deren Hilfe entwickelte sich der kleine Ort Isu von einem ruhigen Kaff zu einer blühenden Stadt. Die ersten Schritte zum Reichtum hatte Isu vor etwa zwei Jahrzenten mit dem Bau dreier Wahrzeichen der Zivilisation getan: dem Bungalow des Regierungsbeamten mit angrenzendem Fußballfeld für Paraden und Basare, dem Postamt und dem Polizeiposten mit Gefängnis. Dann folgten zwei Elementarschulen, eine für Jungen und eine für Mädchen, und schließlich eine landwirtschaftliche Versuchsstation. Sehr bald gruppierten sich gekalkte Wellblechhäuser rund um diese Institutionen. Die Beamten, die sie bewohnten und den Distrikt verwalteten, bildeten die örtliche Aristokratie. Sie verdienten mehr Geld als sonstwer. Neue Formen der Unterhaltung mußten geschaffen werden, um ihnen zu helfen, es auszugeben. Also entstanden eine Anzahl Bars und ein oder zwei Bordelle. Auch der Markt von Isu gewann an Welterfahrenheit. Die jungen Männer aus den umliegenden Dörfern, die nach Abschluß der sechs Elementarklassen zu gut erzogen waren, um dem Pflug noch folgen zu können, fanden hier ihren Lebensunterhalt als Fahrradmechaniker, Friseure, Fleischer und Textilverkäufer. Zu dieser Zeit begann man auch von der Elektrizität zu reden, dem höchsten Statussymbol einer erfolgreichen Stadt.

Der Tanz, zu dem Onuma ging, war von dem unternehmungslustigen Besitzer des Royal-Dandy-Hotels organisiert worden. Dort gab es eine ständige Kapelle.

Entsprechend den Flugblättern, die von Lastwagen entlang der Straße verteilt worden waren, sollte der Tanz um acht Uhr abends beginnen. Aber Onuma zog die Wunderlichkeiten ländlicher Zeitangaben in Betracht und machte sich um zehn auf den Weg. Als er Aniocha gerade in Richtung Isu verlassen wollte, vernahm er wiederholtes, anhaltendes Geschrei. Er stoppte. Zwei junge Männer kamen völlig außer Atem angerannt. Onuma erkannte Chuks, den Taxichauffeur.

»Willst du zum Tanz?« fragte Chuks.

»Ja«, sagte Onuma. »Wo hast du denn dein Taxi?«

»In der Werkstatt. Kaputt. Wir kommen mit dir.«

Chuks' Atem ging schwer. Sein Kumpel war ein schmächtiger, stark behaarter Jüngling, auf dessen Gesicht ständig ein breites Lächeln lag. Er trug eine Art Lederjacke.

»Steigt ein«, befahl Onuma.

Chuks schwang sich auf den Vordersitz, und sein Gefährte stieg hinten ein.

»Wir haben den ganzen Abend auf einen Bus gewartet«, fuhr Chuks, noch immer schwer atmend, fort. »Schließlich entschlossen wir uns zu laufen.«

»Fünf Meilen zu Fuß?« fragte Onuma ungläubig.

»Gib nicht so an«, sagte der »Revolutionär«. »Als du noch keinen Wagen hattest, bist du viel weiter gelaufen.«

Sein Kumpel lachte schallend. Er schien über alles schallend zu lachen.

»Ich sehe, ihr habt ja gar kein Mädchen mit«, bemerkte Onuma, während er durch die Nacht raste.

»Nicht nötig«, japste Chuks. »Die Band hat ihre eigenen Mädchen im Gefolge, unter denen kannst du deine Auswahl treffen. Stadtmädchen mit gutem Benehmen. Dufte Puppen.«

»Haha«, ertönte es von hinten.

Ganz Isu war offenbar zum Tanzvergnügen erschienen. Die Stadthalle, in der es stattfand, konnte gar nicht alle Leute fassen. Sie war mit Bambus und Palmblättern eingezäunt. Die Uneingeweihten standen draußen und guckten die Glücklicheren mit langem Gesicht an. Der Zaun und die Halle waren mit bunten Glühlampen illuminiert, die von einer fahrbaren Elektrostation gespeist wurden.
Als Onuma mit seinen Freunden auf dem Schauplatz erschien, war der schmale Eingang, wo der Eintritt bezahlt werden mußte, dicht von einer Horde Menschen umlagert, die sich hineinkämpften. Die örtlichen Persönlichkeiten, ein Richter, ein oder zwei Rechtsanwälte und ein paar wohlhabende Kaufleute, standen in ruhigen, vornehmen Grüppchen abseits der Menge und hielten ein Schwätzchen. Onumas erster Gedanke war, es ihnen nachzumachen und draußen zu warten, bis sich die Menge gelichtet hatte. Aber Chuks und sein Freund waren bereits vom Geist des Kampfes ergriffen. Also schloß Onuma sich ihnen an, drängte, schob und boxte sich durch das lebhafte Geplänkel. Nachdem er in aller Eile sein Geld einem der schwitzenden Einlaßkontrolleure ins Gesicht geschmissen hatte, wurde er total unfeierlich mit fliegenden Rockschößen in ein schlecht sortiertes Durcheinander katapultiert. Der nicht überdachte Innenhof wimmelte von Menschen. Junge Handwerker streiften auf der Suche nach Reizen umher, aus der Stadt herangeschaffte Frauen sahen aus, als wären sie lieber sonstwo, und die Marktweiber schließlich schmeckten zum erstenmal dieses schwindelerregende Leben und bekamen davon beinahe hysterische Anfälle.
Onuma, seine Partner im Gefolge, bahnte sich mit den Ellenbogen eine Weg zur Tanzfläche. Diese war von einer weißen Mauer umgeben, die gerade eine unendliche Vielfalt an menschlichen Geschöpfen beherbergte.

An der einen Seite spielte die Kapelle, deren Mitglieder wie Indianer gekleidet waren. Der Leiter, zugleich Sänger und erster Trompeter, war mit den äußeren Zeichen sogar so weit gegangen, daß er sich einen Tomahawk über die Schulter gehängt hatte. Er vollführte mit seinem Instrument alle möglichen Possen. Während er Trompete blies, beugte er sich nach hinten, so daß sein Kopf beinahe die Erde berührte, und schwang den Körper von einer Seite zur anderen, bis die schlurfende Menge in helles Entzücken ausbrach.

Das erste, was Chuks tat, nachdem er die Halle betreten hatte, war, auf die Bar zuzusteuern, die gleich neben der Kapelle aufgebaut war, und sich eine Flasche Bier zu kaufen. Dann wanderte er herum, trank aus der Flasche und goß gelegentlich ein bißchen Bier in das Glas seines mit einer Lederjacke bekleideten Kumpels.

Onuma interessierte sich zunächst einmal für die Tanzenden; er beobachtete sie, um sich künftige Partnerinnen auszusuchen. Er wartete in einer Ecke wie eine Spinne auf ihr Opfer. Nach einer Weile wurde er selbst Gegenstand schamloser weiblicher Neugier. Er sah, daß einige Mädchen ihre Partner in seine Nähe zogen, damit sie ihn eingehend mustern konnten. Er war ein wahrer Meister in dieser Art Spiel. Den Frauen, die ihn nicht interessierten, schenkte er ein leises Lächeln und verbeugte sich leicht vor ihnen. Aber denen gegenüber, die ihn reizten und nach denen er Verlangen verspürte, trug er einen hochmütigen Skeptizismus zur Schau. Er hatte sich noch immer nicht entschlossen, welche er nehmen sollte, da stieß ihn Lederjacke an. Onuma gab ihm ein Pfund, damit er Bier hole. Lederjacke zog fröhlich von dannen, schob das Geld über die Theke und kehrte mit einer Flasche Bier zurück.

»Und wo ist das Wechselgeld?« fragte Onuma schneidend.

»Das Wechselgeld?« antwortete Lederjacke und begann sein Gesicht zu einer Grimasse zu verziehen.
Onuma ging mit ihm zur Bar zurück, und Chuks schoß hinter ihnen her. Am Ausschank waren mehrere eifrige Kellnerinnen tätig, über die ein dickes, fettes Weib, die Besitzerin eines Bordells in der Stadt, die Aufsicht führte. Außer Bier und alkoholfreien Getränken wurden auch ganze Backhühnchen verkauft. Die Chefin hatte gerade ein Hühnchen über die Theke gereicht und wischte sich die Hände am Kittel ab, als die drei jungen Männer auftauchten. Sie lächelte ermutigend und wies sie mit einem Blick auf ihren ausladenden Busen hin, der in einer tief ausgeschnittenen Bluse zur Schau gestellt wurde.
Onuma machte ihr klar, worum es ging. »Wir kriegen noch Geld raus.«
»Bei wem habt ihr denn was gekauft? Veronica, haben diese Herren Bier bei dir gekauft?«
Veronica betrachtete die drei argwöhnisch. »Natürlich nicht.« Sie zuckte mit den Schultern. »Sisy, haben diese Herren hier bei dir Bier gekauft?«
»Frag mal Beauty.«
»Frag Angelica.«
»Sprich mal mit Mama.«
Dann, als die Mädchen sahen, wie konfus die Situation geworden war, begannen sie zu kichern. Onuma zog, mit Chuks im Gefolge, los und schimpfte Lederjacke aus. Der Tanz war soeben zu Ende, und die Tänzer schleppten sich aus der stickigen Halle. Onuma beeilte sich, mit seinen Freunden an die Spitze zu gelangen und drei der wenigen freien Plätze im Vorgarten zu ergattern. Aber sie sollten dort nicht lange ungestört bleiben. Zwei Paare bauten sich mit mörderischer Miene hinter ihnen auf.
»Entschuldigung«, sagte einer von ihnen barsch.

»Was ist mit dem da los?« fragte Chuks, der einen Streit roch und darauf scharf war.
»Hier haben wir gesessen«, sagte der andere. »Seht ihr nicht unsere Gläser und Flaschen?«
Die Mädchen, wahrscheinlich Lehrerinnen aus dem Ort, blickten die Eindringlinge mit unsäglicher Verachtung an.
»Unsere Flaschen haben vor euren hier gestanden«, sagte einer der Zurückgekehrten.
»Hä?« fragte Chuks.
»Zieht Leine.«
»Das werdet gefälligst ihr tun«, schrie Chuks und krempelte die Hemdärmel hoch.
Auch der zuerst etwas gesagt hatte, begann die Ärmel hochzukrempeln. Doch der andere, der die Statur der Gegner abgeschätzt hatte, hielt es für klüger, sich mit so viel Würde, wie sie aufbringen konnten, zurückzuziehen.
»Komm, Simon«, sagte er mit auffallend sanfter Stimme, »lassen wir diese Rowdys allein.«
»Außerdem wollen wir gar nicht sitzen. Wir können stehen«, zischten die Mädchen voller unterdrücktem Haß.
Um den Schein zu wahren, gab sich der andere so standhaft wie möglich, funkelte seine Opponenten blutrünstig an und fuhr fort, die Ärmel hochzukrempeln. Doch schließlich wurde er von seinen ungeduldigen weiblichen Begleiterinnen fortgezogen.
Überhaupt krempelten ringsum viele Leute, denen man, während sie tanzten, die Plätze weggenommen hatte, die Ärmel hoch, und tatsächlich kam es zu ein oder zwei Schlägereien. Die kriegslustige Atmosphäre wurde von der Menge, die draußen stand und keinen Eintritt bezahlen konnte, nachdrücklich angeheizt. Was sie betraf, so sahen sie in dem Ausschluß echtblütiger Einwohner

der Stadt Isu aus der in Gemeinschaftsarbeit errichteten Halle eine offenkundige Ungerechtigkeit, und ein oder zwei kletterten bereits auf den Zaun, um einen Sprung hinein zu wagen. Aber gerade als sie zum Sprung ansetzten, tauchte ein Polizist auf und versetzte ihnen einen Knüppelhieb, der sie in den Kreis ihrer Kumpel zurückfallen ließ. Doch gaben sie den Kampf nicht auf. Gegen Ende des Tanzvergnügens gelang es ihnen, den Zaun einzureißen und für einen Moment einen Blick auf das *high life* zu werfen, bevor die Seifenblase platzte.

Inzwischen hatten die örtlichen Persönlichkeiten den Vorgarten betreten. Sie hatten in den Ecken an ruhigen Tischen Platz genommen und schienen nun das einzig beständige Element in der unruhigen Menge zu sein.

Onuma verlangte es nach mehr Bier, und diesmal mußte er es selbst holen. Chuks trank es mit gierigen Schlucken, war bald beschwipst und begann Lederjacke für einen Job bei der Firma zu empfehlen, für die Onuma arbeitete.

»Was kann er denn?« fragte Onuma.

»Alles. Er hat in Enugu Maurer gelernt und kann in Häusern Elektroleitungen verlegen. Ist es nicht so?« Er schlug Lederjacke derb auf die Schulter. Der lachte schallend.

»Er soll sich am besten mal bei mir sehen lassen, bevor ich nach Lagos zurückkehre«, antwortete Onuma großzügig.

In dem Augenblick begannen die Leute »D. D. D.!« zu rufen, und ein kleiner, untersetzter Mann erschien und winkte der Menge zu. Er war der vielversprechende junge Politiker aus Isu und wurde gewöhnlich bei diesen Wochenend-Tanzvergnügen zum Zeremonienmeister berufen.

»Meine Damen und Herren, ein Chacha«, röhrte er mit einer Stimme, die so gar nicht zu seiner Figur paßte.

Onuma schwankte zu dem am wenigsten unangenehmen Mädchen aus der Stadt.
»Nein, kauf mir erst ein Bier«, sagte sie.
»In Ordnung«, antwortete Onuma.
»Du versprichst es?«
»Wenn wir getanzt haben, kannst du eins kriegen.«
Aber sie wollte es vorher haben. Onuma nahm sie mit an seinen Tisch und bestellte noch ein Glas. Chuks starrte sie mit umnebelten, gierigen Augen an. »Wie ist es, Tochter?« fragte er und tätschelte ihre Knie.
Sie lächelte. »Ich bitte dich, nimm die Hände da weg.«
Sie stellte fest, wieviel hier schon getrunken worden war oder was noch zu haben war, und gelangte zu der Überzeugung, daß ihr Gastgeber ein vermögender Mann sei. Wenn man stundenlang von Dorftölpeln belästigt worden war, wirkte dies wie eine Erleichterung. Der bittere Zug um den Mund verschwand, und sie gab sich ganz ungezwungen. Das Bier hatte sie längst vergessen. »Komm«, sagte sie, »laß uns tanzen.«
Onuma führte sie auf die Tanzfläche, preßte sie fest in seine kräftigen Arme und schlurfte mit ihr durch den ganzen Raum. Sie erwies sich als ein gesprächiges Mädchen, das wissen wollte, wer er war, was er tue und wo er seine Frau habe.
»Sie ist zu sich nach Hause gegangen«, sagte Onuma mit ernster Miene. »Wir haben uns gestritten. Sie entdeckte meine Sekretärin in meinem Wagen« – er erachtete dies für eine kluge Art, sie wissen zu lassen, daß er einen Wagen hatte – »und war beleidigt. Daraufhin ist sie gegangen.«
Sie war das personifizierte Mitleid. »Hat deine Sekretärin in deinem Wagen entdeckt und ist nach Hause gegangen? Nur deshalb? O wie dumm. Aber das sieht uns Frauen natürlich ähnlich. Wir können nicht denken. Trotzdem mußt du zu ihren Leuten gehen und die Ge-

schichte in Ordnung bringen. Du solltest hingehen und dich entschuldigen.« Sie hatte einen sehr interessanten Weg entdeckt, ihn kennenzulernen. Aber nach ein paar Drinks und einigen Tänzen bedauerte Onuma, daß er diese Eröffnung gewählt hatte. Das Mädchen war hübsch, jawohl, sonst hätte er sie nicht angesprochen, aber sie war zu anmaßend. Ihre Beharrlichkeit, alles mögliche an ihm entdecken zu wollen, wurde mit der Zeit langweilig. Er war froh, als es Chuks nach einigen Plänkeleien gelang, vorübergehend ihr Interesse auf sich zu lenken.

Onumas Aufmerksamkeit wurde von einer prachtvollen reifen Schönheit in Anspruch genommen, deren tolle Gesten während des letzten Tanzes ihm gegolten hatten. Für mancher Leute Geschmack war sie wahrscheinlich überreif, aber ihm konnte sie gefallen. Ein Glas Bier in der Rechten, so schritt er in die Halle. Die Frau war wieder da; sie tanzte mit einem Dickwanst, der sie die ganze Zeit leidenschaftlich anlächelte. Onuma erinnerte sich, daß während des Tanzes, wenn ihr und sein Weg sich kreuzten, sie ihm ein strahlendes »Nun komm schon«-Signal gesandt hatte. Als er jetzt wieder auftauchte, lächelte sie und bot sich ihm an.

»Entschuldigung. Darf ich um den Tanz bitten«, wandte er sich an sie.

Der Dickwanst sah ihn nur sehr seltsam an und überließ sie ihm dann wortlos.

Sie erstickte ihn mit ihrem sonnigen Lächeln. Bis zum Ende des Tanzes sprachen sie kein Wort, dann nahm er sie mit an seinen Tisch.

»Wo ist mein Mann hingegangen? Es ist besser, wenn er uns nicht sieht«, sagte sie. Sie ließ sich ungraziös, aber sinnlich auf den Platz plumpsen und begann, ihre Haarschleife in Ordnung zu bringen. Ihr Fleisch schien durch und durch erfahren und begierig zu sein, und das von

den Drinks ohnehin aktivierte Verlangen verschleierte nun Onumas Blick.
Plötzlich lachte sie melodiös. »Oh, da ist ja mein Mann.«
Der Dickwanst hatte sich eine andere Frau geangelt. Diese schwankte und schien betrunken zu sein. Er führte sie mit grober Gleichgültigkeit hinaus.
»Das ist die Jüngere, seine zweite Frau.« Onumas Begleiterin lächelte strahlend.
»Gehen wir ein bißchen Luft schnappen«, sagte er.
Onuma war froh, daß er den Wagen in einer fernen Ecke, dicht am Waldrand, geparkt hatte. In der Tat war die Möglichkeit, einen guten Fang zu machen, einer der entscheidenden Faktoren bei der Wahl dieses Parkplatzes gewesen. Die Frau zeigte sich keineswegs überrascht von dem, was er dann alles unternahm. Ihrer beider Bewegungen schienen geprobt worden zu sein. Aber obwohl sie stöhnte und sich unter seinen Liebkosungen vor Vergnügen wand, im entscheidenden Augenblick sagte sie doch nein. Er stürmte weiter vorwärts. »Nein, nein!« jammerte sie ängstlich und unternahm den schwachen Versuch, ihn zurückzuhalten. Doch als er sie schließlich ausgezogen hatte, klammerte sie sich verzweifelt an ihn. »Ja!« stieß sie hervor. »Oh, ja!«
Zum Schluß sprang sie mit einem lebhaften Lachen auf, ordnete nachlässig ihre Kleider und lächelte ihn in einer Weise an, die den Hochgenuß verriet, den er ihr bereitet hatte. Er schnitt eine Fratze, und sie küßte impulsiv jene Stelle, wo sich die Stirn in Falten legte. Er führte sie auf die Tanzfläche zurück und machte sich still davon.
Als er an den Tisch zurückkam, fand er dort nur Chuks und das Mädchen vor. Lederjacke war irgendwohin verschwunden. Chuks war hinüber, er hatte den Kopf auf den Tisch gelegt. Aber als Onuma ihm einen leichten

Rippenstoß versetzte, stimmte der Taxifahrer einen unzusammenhängenden Gesang an.
Das Mädchen schaute Onuma mitleidsvoll an. Sie war in Gedanken noch immer bei dieser Frau, die ihn unvernünftigerweise aus nichtigen Gründen verlassen hatte. Sie war entschlossen, das an ihm wiedergutzumachen. Und Onuma erwärmte sich für sie, begann mit seiner Werbung von vorn, und als er einschätzte, daß sie soweit war, nahm er sie mit in den Wagen.
Seine letzte Frau in dieser Nacht war eine Schülerin, die in dem Augenblick, als er sie auflas, von einem langen Treck zu kommen schien, bei dem sie den Weg verloren hatte.
Die Kapelle machte Pause, um Luft zu schnappen, und plötzlich war es ringsum still wie in einem abseits der Straßen gelegenen Ort, der einst so voller Menschen war. Die jungen Mechaniker lungerten noch immer herum, doch bereits ein bißchen gezähmt von der Müdigkeit und sicherlich auch vom Mißerfolg. Die örtlichen Persönlichkeiten waren in ihre Betten verschwunden. Und die Marktweiber schliefen seelenruhig nach den paar Glas Bier, die sie getrunken hatten. Onuma schätzte, daß es Zeit war zu gehen. Er mußte Chuks hoch- und einige Schritte hinter sich herzerren, bevor dem Taxifahrer ein Licht aufging und er hinter ihm her taumelte.
»Wo ist denn dein Freund mit der Lederjacke?« fragte Onuma.
»Mein Freund, äh!«
Lederjacke erwartete sie am Eingang und hieß sie mit einer Speziallache willkommen. Irgendwie hatte er es geschafft, nüchtern zu bleiben. Als sie am Wagen ankamen, versuchte Chuks eine endlose Minute lang, auf den Fahrersitz zu gelangen.
»Das ist mein Platz«, warnte ihn Onuma.

»Dein Platz? O ja, dein Platz.«
»Mach, daß die auf die andere Seite kommst.«
»Äh!« Chuks trabte in die Nacht davon.
»Komm zurück! Wo willst du denn hin?«
»Nach Hause! Ich gehe nach Hause. Will zu Hause Rabatz machen.«
»Haha!«
Onuma fuhr hinter ihm her. »Es ist besser, du steigst hier ein, sofern du nicht fünf Meilen zu Fuß laufen willst.«
Chuks taumelte wie blind durch die für ihn offengehaltene Tür.
Urplötzlich, ohne den geringsten Anlaß, begann er Onuma in den Himmel zu heben. »Udemezue Okudos Sohn, dein Vater hat dich gut in die Welt gesetzt. Du bist berühmt in den zehn Gemeinden und auch in Lagos. Onuma, Sohn des Udemezue Okudo, ich grüße dich. Idioten und Schurken vermögen dich nicht zu würdigen, aber wir wissen, was mit dir los ist.«
Diese Lobeshymne, hinter der eine Absicht stecken mußte, erheiterte Onuma. »Ja«, stimmte er zu, »die Leute aus dem Busch kennen mich nicht, aber an einem der nächsten Tage werden sie's. Ich werd die ganze Welt mit Geldscheinen pflastern. Mein Name wird rund um die Welt millionenfach in Gold verkündet werden. Mein Vater ist der erste *ozo* des Landes, das dürfen sie nie vergessen.«
An einer Kreuzung stießen sie auf einen nicht lizensierten Bierausschank. Onuma brachte den Wagen mit einem Ruck zum Stehen, schwankte zu dem Laden hinüber und kehrte mit drei halbgeöffneten Flaschen Bier zurück. Mit einiger Mühe händigte er zwei seinen Freunden aus. Lederjacke verschloß die seine sorgfältig wieder und verstaute sie sanft in der Ecke des Hintersitzes. Chuks trank ein paar Schluck und ließ den Rest in den Wagen laufen.

Onuma fuhr mit der rechten und trank mit der linken Hand. Er hatte den Eindruck, daß sich der Wagen so, mit einer Hand, noch leichter fahren ließ. In der ersten Morgendämmerung, als die Scheinwerfer in den dünnen Nebelschwaden spielten, stellte sich bei ihm eine visionäre Kraft von einzigartiger Klarheit ein. Die Straße schien schnurgerade und ohne Ende zu sein. Er nahm eben wieder einen tüchtigen Schluck, da spürte er eine verdächtige Seitenbewegung, die von der Straße wegführte. Für einen kurzen Augenblick, der ihm wie eine Ewigkeit vorkam, umnebelte sich sein Geist und wurde dann hellwach.

Auf der Straße von Isu nach Aniocha, etwa eine Meile vor letztgenanntem Ort, gibt es einen mehr als hundert Meter tiefen Abgrund. Er ist der bei weitem gefährlichste Punkt auf der ganzen Wegstrecke, denn er liegt an einer verborgenen Kurve, in der immer wieder sorglose Fahrer ein tragisches Ende finden. Ein unbekannter Spaßvogel aus Aniocha, der solche Abgeschmacktheit nicht mehr ertragen konnte, hatte eine Warntafel vor dem Abgrund aufgestellt, auf der zu lesen stand: KEINE STRASSE! Aber auch sie gebot weiteren verhängnisvollen Unfällen keinen Einhalt.

Onumas Wagen gesellte sich denen zu, die dem KEINE STRASSE-Schild hohngesprochen hatten. Jedenfalls riß der wunderschöne Jaguar es heraus und rollte dann glücklich auf den Abgrund zu. Aber infolge eines dieser unerklärlichen Glücksumstände, die verrückten Leuten beistehen, verkeilte sich der Wagen an der Absturzkante zwischen zwei riesigen Steinen. Dort hing er nun, die Schnauze mitten in der Luft, mit jaulendem Motor und wild protestierenden Rädern. Onuma hatte noch soviel Geistesgegenwart, den Motor abzuwürgen. Dann stürzte er aus der Tür, schmiß die halbleere Bierflasche weg und betrachtete entgeistert seinen Wagen.

Niemand war getötet oder verletzt worden. Und möglicherweise hätte sogar der Wagen gerettet werden können, wenn Onuma so gescheit gewesen wäre, ihn in Ruhe zu lassen, und solide Hilfe geholt hätte. Doch stattdessen versuchte er, den Wagen aus der Verkeilung, die ihn hielt, herauszuziehen.
»Helft mal«, flehte er die Nacht an.
Lederjacke kam zum Vorschein und blieb unbeteiligt, aber lächelnd stehen.
»Hilf mal«, rief Onuma noch einmal und trommelte auf die Motorhaube.
»Oh«, ertönte eine Stimme aus dem Wagen. »Oh, du bist's!«
Chuks purzelte aus seiner Tür, lehnte sich gegen deren Verkleidung und begann sich zu übergeben.
»Helft mal!« schrie Onuma, hängte sich an die hintere Stoßstange und zerrte voller Verzweiflung.
»Eshobay!« kreischte Chuks, total besoffen.
Lederjacke griff das Stichwort auf und rief: *»Ee!«*
»Eshobay!«
»Ee!«
Und durch ihre vereinten Anstrengungen wurde der Wagen aus der Verkeilung zwischen den Steinen gezerrt. Aber unmittelbar darauf machte er einen kleinen Hüpfer, verfehlte es gerade noch, die Männer mit sich zu reißen, und rollte in den Abgrund.
Ein lautes Krachen verkündete das Ende eines der elegantesten Produkte moderner menschlicher Kunstfertigkeit.
Onuma wollte zunächst hinter dem Wagen her, doch das Krachen ließ ihn nüchtern werden. So stand er denn eine Minute lang da und starrte auf die Trümmer hinunter. Dann traf er schließlich eine Entscheidung und begann heimwärts zu stolpern, erinnerte sich jedoch seiner Gefährten, machte kehrt und fand Chuks gegen einen gro-

ßen Stein gelehnt; er war völlig ausgepumpt vor Übelkeit. Mit Lederjackes Hilfe beförderte er ihn zur Hauptstraße hin.
Irgendwie schafften sie es, die restliche Wegstrecke bis Aniocha zu Fuß hinter sich zu bringen. Zwei Stunden später standen sie neben Udemezues schwer vor sich hin brütendem Gehöft. Mit ungeheurer Vorsicht stolperte Chuks nach Hause.
»Paß auf und fall nicht in den Abwassergraben«, rief Onuma.
»Ich falle in den Abwassergraben, wann ich will«, sagte Chuks und tat's auch schon.
Lederjacke ging, um ihm heraus- und fortzuhelfen.
»Benimm dich!« warnte Onuma wieder.
»Scher dich zum Teufel!« sagte Chuks.

8

Oliaku war voller Besorgnis, als sie Onuma am Morgen sein Frühstück brachte. Sie hatte ihn seit dem Vortag nicht gesehen und verlangte sehnsüchtig nach einem Gespräch mit ihm, bevor er wieder nach Lagos ging. Er schlief noch. Als sie kam, erwachte er aber sogleich. Er trat zerzaust, unsicher und kaum fähig zu sprechen aus dem Schlafraum.
»Grüß dich, Mutter«, sagte er durch die zusammengekniffenen Lippen.
»Geht es dir gut?«
»Es ist nichts weiter.«
»Ich habe dir dein Frühstück gebracht.«
Er betrachtete das Essen voller Abscheu, sagte aber: »Danke sehr.«
Sie schaute ihn neugierig an. Er roch schlimm nach Alkohol. Aber das kümmerte sie nicht, denn aus langer

Erfahrung mit Udemezue wußte sie, daß sich Männer ab und zu einen antrinken müssen.
Sie war so sehr von dem Wunsch erfüllt, sich ernsthaft mit ihm zu unterhalten – zum Beispiel darüber, wann er zu heiraten gedenke. Doch sie sah, daß er nicht in der Verfassung war, ein gewichtiges Gespräch zu führen. Also stellte sie das Essen mit geduldiger Resignation auf einen Stuhl und kehrte in ihre Hütte zurück.
Onuma hatte heftige Kopfschmerzen, außerdem hing ihm alles zum Halse raus: die rotbraune, sterbende Stadt, die krank aussehenden alten Männer und ihre endlosen Reden. Er hatte das unbändige Verlangen, irgendwem eins auf die Nase zu geben. Die Wut verschlimmerte seine Kopfschmerzen nur noch mehr, so daß er bald den Eindruck hatte, innen in seinem Schädel hämmere ein ganzer Arbeitertrupp.
Was war ich doch für ein Narr, daß ich in der vergangenen Nacht soviel getrunken und dadurch die Kontrolle und den Verstand verloren habe! Die Frauen hatten etwas damit zu tun. Frauen, sagte er sich, waren stets die Ursache seiner Fehlschläge gewesen. Sie wußten, wie schwach er war, und beuteten so seine zügellose Begierde, seinen Hang zur Romantik, seinen Egoismus aus. Sie würden noch einmal sein Ruin sein. Dennoch, überlegte er, wäre es recht gut, Rita eben jetzt zu haben. Ihr kühler, feuchter Körper würde seinen fiebernden Gliedern wohltun.
Im Geiste unterzog er die Körper einiger der hübschesten Frauen, die er gehabt hatte, einer Prüfung. Aber schließlich – in die Hölle mit den Weibern. Zum Teufel mit allem, dachte er.
Schritt für Schritt arbeiteten sich seine Gedanken zu den Ereignissen der vergangenen Nacht vor. Er hatte seinen wunderschönen Jag, seinen Liebling, seinen Sklaven verloren, den einzigen, dem er je völlig zugetan sein

würde. Nun ja, man kann immer einen anderen auftreiben. Die Versicherung würde schon dafür sorgen. Doch plötzlich schoß es ihm durch den benebelten Verstand: Er war nicht versichert. Die Versicherung war vor einem Monat abgelaufen. Damals hatte ihm die Gesellschaft in einem Brief eine übertriebene Summe für eine neue Prämie vorgeschlagen. Das war gerade zu der Zeit gewesen, als er Geld auftreiben mußte, um zu Haus feiern zu können. Also hatte er den Brief der Versicherungsgesellschaft weggeworfen und vergessen, einen neuen Vertrag abzuschließen.

»O mein Liebling ...« Eine barsche Stimme, die er in den zurückliegenden Tagen ziemlich gut kennengelernt hatte, rettete ihn vor der Schande, sich in seinem eigenen Elend zu suhlen. Sie gehörte Chuks, dem Taxifahrer.

»Gerettet!« rief die Simmte wieder.

»Wer tötet mir schon so früh am Morgen den Nerv?« brüllte der Patriarch aus seinem *obi*.

»Gerettet!« wiederholte der Taxifahrer.

»Wirst du wohl den Mund halten, du Buschsprößling!« blökte Udemezue und richtete sich auf seinem weißen Ziegenfell auf.

»Oh, entschuldige bitte, Herr«, sagte Chuks, als sei er des Patriarchen eben erst gewahr geworden. »Es tut mir wirklich leid.«

Aber sobald sich Udemezue grunzend abgewandt hatte, brach er mit einem abermaligen »Gerettet!« in Onumas kleines Haus ein.

»Wer ist gerettet?« fragte Onuma und grinste schmerzlich.

»Der Wagen!«

»Was?« rief Onuma, sprang auf und trat mit unsicheren Schritten auf die kleine Veranda, wo er Chuks in die blutunterlaufenen Augen schaute.

»Der Wagen ist nicht zerschmettert!« schrie Chuks.
»Du bist ja verrückt ...«
»Du bist es, der verrückt ist. Ich hab ihn heute morgen gesehen. Er ist noch in Ordnung.«
»Nun, dann komm«, sagte Onuma und machte sich, noch immer in den Sachen, die er in der vorausgegangenen Nacht getragen hatte, auf den Weg.
»Willst du nicht wenigstens Schuhe anziehen?« fragte Chuks.
»Oh, die Schuhe ...«
Onuma rannte in sein Zimmer zurück, zog taumelnd die Schuhe an und torkelte los, Chuks hinter sich herziehend.
Die Hoffnung, wieder in seinem wunderschönen Auto fahren zu können, hatte für ein bißchen Klarheit in seinem Kopf gesorgt, die winzigen Arbeiter unter seiner Schädeldecke hatten den Hammer beiseite gelegt und Pause gemacht. Alles, was von seinem Kater zurückblieb, war ein unangenehmes Gefühl, zu gleicher Zeit zu schwitzen und zu frieren. Ganz von seinen Gedanken gefangengenommen, beleidigte er die Kinder und Frauen, die ihm einen guten Morgen wünschten, indem er ihnen nicht antwortete. Außer dem Wagen war alles aus seinen Gedanken ausgeschlossen. Er war unlösbar seinem Wagen angetraut, sein Schicksal war mit diesem verbunden. Die glücklichsten und schönsten Augenblicke seines Lebens hatte er, soweit er sich erinnern konnte, in ihm verbracht. Er rief sich sehr deutlich eine Debatte ins Gedächtnis zurück, die er und seine Freunde eines Tages in Lagos darüber hatten, was wer als das Schönste betrachtete, das er je gesehen habe. Einer sagte, ein Düsenflugzeug in dem Augenblick, da es vom Boden abhebt, ein anderer entschied sich für ein neues Schiff vor Anker. Ein Mädchen behauptete sogar, für sie sei das Schönste das Gesicht eines Mannes, wenn er bei ihr den

Höhepunkt seiner Erregung erreicht habe. Onumas unvergeßlicher Augenblick war eine Fahrt in seinem neuen Wagen durch den Hafen von Lagos und der Anblick der dort vor Anker liegenden Schiffe mit ihren Myriaden von Lichtern.

Onuma und sein Kumpel hatten bald den Abgrund erreicht, wo sie, sich unsicher an Felsblöcken festhaltend, in die Tiefe kletterten und den in der Tat unversehrten Wagen erreichten. Drei Wunder hatte es bei dem schicksalsschweren Unfall in der vergangenen Nacht gegeben. Das erste Wunder hatte die drei Männer vor dem möglicherweise sofortigen Tod gerettet. Das zweite bewahrte den Wagen nach dem ersten Zusammenstoß, und das dritte sorgte, trotz der Tollkühnheit von Onuma und seinen Anhängseln, mit einem Polster für das Auto, denn tiefer unten in der Schlucht floß ein kleiner Bach. Das Krachen, das Onuma in der Nacht vernommen und das ihn überzeugt hatte, daß mit dem Wagen nun alles vorbei sei, rührte lediglich von der zersplitternden Windschutzscheibe und den in die Brüche gehenden Scheinwerfern her. Ansonsten schien der Jaguar, obwohl ein wenig in den Schlamm eingesunken, so unzerstörbar wie immer.

Onuma tanzte zunächst einmal um den Wagen herum, liebkoste sein schmutzbespritztes Heck und küßte die Kotflügel, zumindest so viel von ihnen, wie er erreichte. Dann sprang er den abgerissenen Chuks an, umarmte ihn und bewegte seine Lenden in einem obszönen Rhythmus gegen die seines Freundes.

»Gerettet!« rief er. »Mein kostbarer Liebling ist gerettet.«

»Aber wie willst du ihn herausbekommen?« fragte der realer denkende Chuks.

»Oh, wir werden ihn rausschieben«, sagte Onuma und japste vor Anstrengung. »Ich werde alle rüstigen Män-

ner aus Aniocha hierherbringen, damit sie ihn herausziehen. Komm, gehen wir.«
Aber in seinem Plan gab es ein entscheidendes Hindernis. Rüstige Männer aus Aniocha würden den Wagen nur gegen ein Entgelt herausziehen, und Onuma gingen allmählich die Mittel aus. Dann wurde ihm bewußt, daß dies keine richtige Arbeit für Männer war. Etwas wesentlich Maschinenmäßigeres wurde benötigt, um den Wagen zurück auf die Straße zu schaffen.
»Wenn wir eine Art Kran bekommen könnten«, grübelte Onuma laut.
»Kran?«
Onuma hatte fast vergessen, daß ihn jemand begleitete. Er erklärte, was ein Kran war.
»Hier gibt es aber keinen«, sagte Chuks.
Das liegt auf der Hand, dachte Onuma. Der nächste Ort, wo sie eventuell einen entdecken könnten, war dreißig Meilen von Aniocha entfernt. All das wies auf die Notwendigkeit hin, sich um Geld zu bemühen. Onuma würde nach Lagos zurückkehren müssen, dem einzigen Ort, wo Geld gemacht werden konnte. Er entschloß sich, am nächsten Tag abzureisen, und teilte dies seinen Eltern mit, sobald er heimkam. Im Gehöft herrschte Aufregung, selbst auf den Gesichtern der Kinder stand Erwartung geschrieben.
Bevor Chuks Onuma wecken kam, hatte er die Geschichte überall emsig kundgetan. So war es nötig, daß Onuma die Situation einer verzweifelten Mutter und einem bestürzten Vater erklärte. Er war ein wenig verärgert über ihre tragischen Mienen, ungeachtet der Tatsache, daß er selbst fast verrückt wurde, wenn er daran dachte, daß der Wagen futsch war. So spielte er denn das Ausmaß des Unfalls herunter. Er versuchte, sie davon zu überzeugen, daß es nur eine Frage der Zeit sei, bis der Wagen wieder auf der Straße stände. Udemezue

nickte in weiser Erleichterung. Der Mutter aber blieb es, das Ganze in ihrer stoischen Art zusammenzufassen. »Der große Gott ist gerecht. Ich war mir sicher, daß er uns nicht dieses eine wegnehmen würde, das unser geworden ist, dieses eine, an das wir uns in unserer schlechten, unsteten Welt halten können.«

II.
Unwirkliche Stadt

1

Onuma war froh, wieder auf der Straße zu sein. Natürlich bedeutete es für ihn nach den Monaten, die er im Luxus seines Wagens geschwelgt hatte, einen jähen Wechsel, sich in einem zehn Jahre alten, verräucherten Kleinbus wiederzufinden, eingezwängt zwischen übelriechende, geschwätzige Mitreisende. Die Folter dauerte nur zwei Stunden. Dann mußte er für die restlichen zweihundert Meilen in einen Peugeot-Bus umsteigen. Die Leistungen dieses Peugeot auf dieser Strecke hatten wegen des rücksichtslosen Tempos, das die Fahrer vorlegten, und der Unfallquote legendären Ruf erlangt. Eine der wesentlichsten Attraktionen der Fahrt war der Anblick der Last- und Personenwagenskelette in jenen, Brücken genannten, schiefen Todesfallen. An einer Stelle entdeckten sie am Wegrand einen auf das Doppelte seines ursprünglichen Umfangs aufgedunsenen Frauenkörper, dessen Haut sich in der Mittagssonne abschälte. Als jemand völlig unnötigerweise auf diese gräßlichen Einzelheiten hinwies, veranlaßte er damit mehrere Leute, den Kopf hinauszustecken, um die Szene zu beglotzen. Woraufhin für ein paar Minuten alle einen Dämpfer weghatten und schwiegen. Dann wandte sich das Geschnatter abermals anderen Themen zu, die einen jeden im Wagen beschäftigten. Es war, als wollten sie durch rechte Zungenfertigkeit die Erinnerung an den Alptraum, den sie eben erlebt hatten, bannen. Es gab des öfteren da und dort einen

Leichnam an diesem Todespfad. Das Beste, was man tun konnte, war, sie gar nicht zu bemerken, sie einfach zu vergessen. Nach einer Woche oder so verschwanden die Toten auf genauso mysteriöse Weise, wie sie dorthin gekommen waren. Und diese Tatsache schien zu rechtfertigen, daß jedermann sie ja in Ruhe ließ.

Abgesehen von ein paar Fällen, in denen sie um Haaresbreite der Gefahr entronnen, verlief die Fahrt relativ ereignislos, und so knatterten sie in der frühen Abenddämmerung eines Sonntags nach Lagos hinein. Zu dieser Tageszeit war die Stadt wie ausgestorben, sie konnte ihr Haar herunterlassen und sich einer Erholungspause von den Menschenmengen erfreuen, die sich in den vergangenen Stunden aufgemacht hatten, um ihre besten Kleider zur Schau zu stellen. Und sie ruhte aus, bevor das Gedränge an den Orten des Vergnügens einsetzen würde. Aber noch immer waren Menschentrauben draußen auf den Straßen, größtenteils sehr gewagt angezogene Teenagermädchen, denen Energie und Betätigungsdrang gestatteten, die Zeit zwischen den beiden Einsätzen zu überbrücken.

Onuma stieg mit jener angenehmen, zitternden Erregung, mit der er sich stets dieser Stadt näherte, aus dem Bus. Da war Lagos, seine Stadt. Ihre Zeichen waren ihm so vertraut wie seine braunen Katzenaugen im Spiegel. Auch der Geruch von Lagos war durchdringend vertraut, ein mächtiger Mischmasch aus verfaulendem Fisch, abgestandenem Urin und Tage altem Kot. Aber die Luxuswagen vom Typ Mercedes-Benz oder Cadillac kreuzten umher, als wollten sie den Gestank Lügen strafen. Und die herumlungernden Mädchen, die darauf warteten, aufgelesen zu werden, waren so schau angezogen und so sexy wie eh und je. Onuma sah sich um, ob er vielleicht ein Gesicht entdeckte, das er kannte. Bisher war es immer so gewesen, daß, wo immer in Lagos eine Gruppe Menschen war, in der die Mädchen dominierten, sich eine darunter befand, die irgendwann schon einmal mit ihm geschlafen hatte. Und richtig, in der Menge nahe der Haltestelle machte er ein Mädchen aus, das er mal gehabt hatte. Onuma erinnerte sich ihrer lebhaft als eines verlorenen Kindes, das aus Verzweiflung ihm soviel von sich gegeben hatte. Zu der Zeit, als sie ihm über den Weg lief, war sie gerade von der Schule abgegangen, vom Land nach Lagos gekommen und »auf Abwege« geraten. An dem Tag, als er sie mit seinem Jaguar auflas, hatte sie ihre gemietete Hütte in den städtischen Slums hinter sich gelassen. Und als Dank für ein Dach über dem Kopf hatte sie ihm in jener Nacht ihren straffen, frischen Körper ohne jede Bedingung überlassen. Jedesmal, wenn sie wieder eine Runde geschafft hatten, begann sie so etwas Ähnliches wie »Ich bin ein schlechtes Mädchen geworden. Zu Hause haben sie mir gesagt, Lagos wäre schlecht für mich, aber ich wollte ja nicht hören« vor sich hin zu jammern. »O mein Gott!« Aber nach einer Weile wandte sie sich ihm wieder zu, flehte ihn an, denn sie sei schon wieder »soweit«, und er könne sie sich, bitte, wenn er wolle, wieder vornehmen. Was er auch tat.

Die Erinnerung an sie im Bett verstärkte sein Verlangen nach einer zweiten Begegnung, und so gestikulierte Onuma heftig, um ihre Aufmerksamkeit auf sich zu lenken. Aber sie war seltsam blind und taub gegenüber seinen Zeichen. Er hätte jedoch noch weitere Verständigungsversuche gemacht, wenn nicht ein junger Mann in einem Citroën bei ihr gestoppt und das Mißfallen der an der Haltestelle Versammelten erregt hätte.

Einer rief: »Großer Herr kann nichts. Du nicht sehen? Hier ist Haltestelle!«

»Nein, Minam. Er nur sagen wollen, daß er Citroën fahren kann.«
»Großer Herr Schuldenmann, warum du nicht rauskommen?«
Der Besitzer des Citroën aber gab nichts auf das Gezeter. Mit herrischer Geste winkte er Onumas Mädchen zu. Sie trat, sich in den Hüften wiegend, voller Grazie, die sie, wie Onuma vermutete, gelernt hatte, seit sie damals von ihm gegangen war, auf den Wagen zu, öffnete mit oft bewiesener Nonchalance die Tür und stieg ein. Der Citroënbesitzer jagte mit prahlerisch kreischenden Reifen davon.
»Olé! Dieb!« riefen die Umstehenden. Aber der Kerl hat das Mädchen, dachte Onuma. Und das war es, was zählte. Der Vorfall ließ Onuma den seltsamen Zauber des Autos bewußt werden. Es verlieh einem Mann nicht nur Ansehen, es machte auch alles möglich: Liebe, Hoffnung, Freude, Mildtätigkeit. Das Auto machte den Mann aus. Ohne einen Wagen war er ein Krüppel, und das Mädchen da hatte keine Zeit für Krüppel.
Vor diesem Ereignis hatte Onuma in Gedanken erwogen, ob er mit der abstoßenden Menge auf den Bus warten oder ein Taxi nehmen solle. Von einem Mann seiner Statur, einem Mann, der noch wenige Tage zuvor mit allem Luxus, den ein Jaguar bot, auf einer Woge des Glücks geschwommen war, wurde offensichtlich ein Taxi erwartet; aber seine Mittel waren erschöpft, er sah keinen Weg, wie er mit dem Geld, das er noch in der Tasche hatte, das Taxi bezahlen könnte. Doch die Geschichte mit dem Citroën entschied alles. Er würde ein Taxi nehmen, und wenn er dabei draufging.
Während der ganzen Fahrt war er vom Klicken des Taxameters fasziniert. Was nun, wenn der Preis die Grenzen seiner Geldbörse überschritt? Er überlegte gerade, wie er den Taxifahrer beruhigen könnte, falls er

ihm nicht den ganzen Fahrpreis zu bezahlen in der Lage war, da näherten sie sich Ikeja, seinem Ziel. Onuma sah sogar, daß er noch ein paar Pennies übrigbehalten würde. Er hatte nur noch ein kurzes Stück durch eine unebene, ungepflasterte Straße zu gehen. Um ihre Wagen besorgte Freunde, die ihn besuchen wollten, scheuten oft davor zurück, dieses letzte Stück zu fahren, aber Onuma hatte das mit seinem Jaguar monatelang nichts ausgemacht. Und wenn er nicht so schlecht bei Kasse gewesen wäre, hätte er den Taxichauffeur veranlaßt, ihn bis vor die Haustür zu fahren. So aber mußte er sein Gepäck selber tragen und durch den Dreck stolpern. Eine Stelle war besonders widerlich. Da unten am Haus eines pensionierten höheren Staatsbeamten ein Rohr gebrochen war, hatte sich eine ständige Schlammpfütze gebildet. Verschiedene Leute, die in der Straße wohnten, nicht zuletzt auch Onuma, hatten bei verschiedenen Gelegenheiten bei dem Manne protesiert. Doch der, weltfremd in seiner Selbstüberhebung, tat nicht nur nichts, sondern war auch noch beleidigt, daß geringere Sterbliche – und in Onumas Fall jüngere – es wagten, ihm Vorhaltungen zu machen. Es gab in Lagos ein ungeschriebenes Gesetz, wonach bedeutende Leute oder wenigstens solche, die sich bedeutend dünkten, gegen Kritik geschützt waren, einerlei, was für ein Verbrechen sie begangen hatten.

Das andere Kennzeichen der Straße und die Quelle des Gestanks in der Gegend war ein riesiger öffentlicher Schuttplatz. Obwohl die ungepflasterte Straße bei den städtischen Behörden unter Aufwendung großer Personalkosten ordnungsgemäß registriert und nach einer lokalen Größe benannt worden war, erfreute sie sich nicht der Aufmerksamkeit der städtischen Müllkutscher. Folglich warfen die in der Straße Wohnenden ihre Abfälle einfach aus dem Fenster. Es begann damit, daß zwei Männer auf einem freien Fleck neben ihren Häusern einen kleinen Haufen anlegten. Bald zog dieser Ort jeden an, und der Müllhaufen wuchs und fraß um sich. Verschiedene Kinder dieser Gegend, die zu Hause keine Toilette hatten, benutzten den Haufen ebenfalls. Tatsächlich hockte, als Onuma gerade vorbeiging, ein kleines nacktes Mädchen da und verrichtete sein Geschäft. Onuma hatte schon oft Häufchen rings um den Müll entdeckt, aber die Schuldigen nie zu Gesicht bekommen. Da ihm leicht übel wurde, machte er eine furchteinflößende Geste, wie jemand, der ein Schwein verscheuchen will, aber das kleine Mädchen, das sich dort beim Stuhlgang so quälte, starrte ihn nur mit glasigen, kranken Augen an. Onuma wandte sich ärgerlich ab und haßte sich selbst sowie die Welt, die es zuließ, daß solche Anblicke den Tag verdüsterten.

Das Haus, in dem Onuma wohnte, glich einer Insel der Eleganz in einem Meer des Schmutzes. Es war ein schmuckes, herrschaftliches Haus mit zwei in vier Wohnungen aufgeteilten Stockwerken. Onuma hatte es gewählt, weil es elegant und billig war – ein Haus dieser Qualität im besseren Stadtviertel hätte wohl dreimal soviel gekostet, wie Onuma hier bezahlte. Der Hausbesitzer hatte sich bei der Investierung in einer Slumgegend offenbar von der Hoffnung leiten lassen, daß die Entwicklung früher oder später auch dieses Gebiet erreichen würde.

Zu seiner Überraschung und nicht geringen Erbitterung wurde Onuma zu Hause von seiner Nachbarin, einer frisch und munter aussehenden Witwe, herzlich willkommen geheißen, zu herzlich. Seit sie, offensichtlich um das Mädchen seinem Einfluß zu entziehen, ihren heiratsfähigen Teenager in eine Internatsschule geschickt hatte, war eine große, dünne Eisfläche zwischen ihnen gewesen. Der Versuch der Witwe, das Eis zu brechen, hing damit zusammen, daß erst kürzlich ihre Beziehungen zu einem Herrn in der oberen Etage in die Brüche gegangen war, einem erfolglosen Rechtsanwalt, der sich in Mitleid erregender Weise um Respekt und Anerkennung seitens seiner skeptischen Nachbarn bemüht hatte. Und die Beziehungen zwischen ihm und Onuma waren durch den Jaguar nicht gerade gefördert worden, denn dieser Wagen warf ein schlechtes Licht auf den zehn Jahre alten VW-Käfer des anderen. Um das Gleichgewicht zu stabilisieren, hatte der Rechtsanwalt bisweilen Cchauffeure beschäftigt, gelangte aber schließlich zu der Erkenntnis, daß er sie nicht bezahlen konnte. Seine Sklaven kamen und gingen und fluchten über ihn, ohne ein Blatt vor den Mund zu nehmen, und untergruben so seine Sicherheit. Früher war der Rechtsanwalt sehr eng mit der Witwe befreundet gewesen – gewissermaßen ein Versuch, Onuma zu isolieren –, aber der Bruch nun war nur ein weiterer Beweis für die Enttäuschung, die dieser Mann immer wieder erlebte. Doch wie dem auch sei, Onuma hatte große Vorbehalte gegen irgendwelche geheimen Einverständnisse mit der Witwe. Denn eines konnte er der alten Kuh nicht verzeihen: daß sie ihre Tochter hinweggezaubert hatte, einen eben gereiften Pfirsich, der gerade jetzt gepflückt werden mußte. Also erwiderte er ihre Herzlichkeit kühl, aber die Witwe hatte sich zu sehr in ihre Kriegslist verrannt, als daß sie es bemerkt hätte. Bevor sie davonging, schickte sie ein lautes Lachen in Richtung Rechtsanwalt. Ihr Feind stand in seinem üblichen Hauskleid, einem Morgenmantel, über den er ein Trikothemd gezogen hatte, auf der vorderen Veranda, reinigte sich die Zähne mit einem Holzstöckchen und spuckte die abgebissenen Splitter herunter. Das Gelächter der Witwe erfüllte seinen Zweck. Noch bevor das Echo verklungen war, zog sich

der Rechtsanwalt in sein Wohnzimmer zurück, und sie trat nach vorn, um die Wirkung beurteilen zu können.
Der Spektakel, den sie gemacht hatte, weckte Onumas Hausboy, der Haushofmeister, Dienstmädchen, Werkzeug, Kritiker und wandelndes Gewissen in einem war. Er trat mit seinem Allzwecklächeln aus seinem Zimmer und regte sich über den einen Koffer auf, den sein Herr schleppte. Onuma tat sein Gezeter mit einem Achselzucken ab, und in Ermangelung von etwas Besserem sagte er: »Du hast geschlafen, Freitag?«
»Ja, Herr.«
Er schien immer zu schlafen und bemühte sich niemals, es zu leugnen: Entweder war er zu schläfrig oder seiner selbst zu sicher oder einfach nur zu unbekümmert. Es lag in der Art ihrer Beziehungen, daß Onuma über ein paar das Haus betreffende Dinge mit ihm schwatzen mußte. Jedenfalls schien der Boy es zu erwarten.
»Hat jemand nach mir gefragt?« eröffnete Onuma das Gespräch.
»Nein. Nur Madam.«
Um welche Madam konnte es sich handeln, überlegte Onuma. Die Witwe? Die Besitzerin des Bierladens um die Ecke, dessen Rechnung noch ausstand?
»Nein, Gloria«, beeilte sich Freitag hinzuzufügen. »Sie kam gestern, um hier zu schlafen.«
Ja, Gloria, Onumas momentane Freundin, hatte einen Wohnungsschlüssel. Sie hatte es des öfteren nötig, dem stinkenden Raum in den Slums, wo sie bei ihren Großeltern dahinvegetierte, zu entfliehen. Gloria war von ihren Eltern, die draußen auf dem Lande lebten, den alten Leutchen anvertraut worden, und diese nahmen die Aufgabe sehr ernst. Wie Gloria sagte, wurden sie wild, sobald sie einmal außer Haus mit Onuma oder sonstwem schlief. Da sie fast ein Jahrhundert lang in Gestank und Schmutz gelebt und dieses Leben so lieben

gelernt hatten, wie ein Schwein eine besonders widerliche Lieblingssuhle liebt, waren sie nicht in der Lage, das zwanghafte Verlangen des jungen Mädchens zu verstehen, zu den Lichtern hin auszubrechen, die sie überall sah, selbst wenn sie im Tausch dafür ihren Körper bieten mußte. Gloria begann stets zu kichern, wenn sie ihre Kämpfe mit ihnen schilderte. Aus diesen ging immer sie als Siegerin hervor, weil die alten Leutchen sie mehr brauchten als sie diese. Sie konnten ohne sie nicht leben. Einer konnte nämlich des anderen Gesellschaft nicht lange ertragen. Langeweile und Einsamkeit hatten die menschliche Verbindung zerstört, die sie einmal vereint hatte, so daß die beiden Alten Gloria als Halt und auch als Puffer ihrer gegenseitigen Feindschaften benötigten.

Onuma hoffte, Gloria würde am Abend wiederkommen, und war glücklich. Sie würde ihm aus seiner augenblicklichen wirtschaftlichen Zwangslage helfen und – was gibt es Schöneres – es mit vollendetem Taktgefühl tun. Gloria war eines der wenigen Mädchen in Lagos, die errieten, wenn die Lasten des Stadtlebens einen Mann zu Boden drückten, und ihm halfen, ohne seine Achtung vor sich selbst zu untergraben. Die meisten Mädchen fühlten sich an der Nase herumgeführt und verletzt, gedemütigt, wenn einer der Männer, mit denen sie schliefen, einmal nicht seiner Rolle als Rechnungsbezahler und Wohltäter gerecht werden konnte.

»Hat Gloria gesagt, ob sie heute abend wiederkommt?« fragte Onuma.

»Sie hat überhaupt nichts gesagt.« Freitag zuckte mit den Schultern.

Gloria gehörte nicht zu den von Freitag geschätzten Personen. Keine von Onumas Freundinnen schien mit Freitag gut auszukommen. Der Bursche bewahrte seine bäuerischen Eigentumsvorstellungen und argwöhnte, daß die Stadtweiber wie Goldgräber nur darauf aus seien, seinen Herrn auszurauben.

Onuma entließ ihn mit einer ungeduldigen Geste, aber der Boy tat nicht dergleichen. Er trat von einem Fuß auf den anderen und kam schließlich damit heraus: »Nichts im Hause.« Er sagte es mit einem Anflug lang ertragener Leiden. Freitag läßt sich nie eine Gelegenheit entgehen, seinen Besitz zu mehren, dachte Onuma, der ihm genug Geld für die Zeit seiner Abwesenheit gegeben hatte. Aber Freitag war der Ansicht, Onuma sei eine nahezu unerschöpfliche Quelle des Reichtums, eine, die ihm eine Menge schuldete, aber nur bröckchenweise etwas austeilte. Freitag fühlte sich verantwortlich, Methoden zu ersinnen, um seinen Teil zu erheischen. So blieb er denn trotz Onumas ungeduldigem »Verschwinde von hier!« in einer Haltung stehen, aus der selbstgerechte Bedrängnis sprach, bis sein Herr, der sich nun selbst durch die Anwesenheit des Boys bedrängt fühlte, in sein Schlafzimmer stürmte und die Tür hinter sich zuwarf.

Das Schlafzimmer, überreichlich ausgestattet, diente ihm stets als Zufluchtsort, wo er und seine Freundinnen sich gemeinsam einer Behandlung der Leiden hingeben konnten, die von den irrsinnigen Widersprüchen der Stadt hervorgerufen waren. Gar bald übte der Raum seine beruhigende Wirkung aus. Umgeben von den so geliebten und vertrauten Dingen, entdeckte Onuma einen Sinn für das eigene Ich wieder, wurde er sich seines Platzes in den wechselnden Szenen des Lebens bewußt. Nur eines benötigte er noch, um wieder voll zu sich zu kommen: eine Frau. Gewöhnlich pflegte er um diese Abendstunde zu lieben. Alle Spannungen der Stadt entwickelten sich darauf zu. Liebe bedeutete Erleichterung. Im allgemeinen kamen die Frauen zu ihm.

Wenn nicht, fuhr er los: zu den Treffpunkten des Christlichen Vereins Junger Mädchen, wo gelangweilte Kostgängerinnen sich nach Betätigung sehnten, zu Einraumhütten in den Slums, die wundersamerweise einige der schönsten Schmetterlinge der Stadt ausspien. Wie konnte aus solcher Fäulnis Gutes kommen? Er hatte sich diese Frage häufig gestellt, ohne eine Antwort zu finden. Wie gelang es einigen dieser Mädchen, rein, geschmeidig, frisch, mit allen Kurven am rechten Fleck aus dieser Gosse mit ihren ekelerregenden Krankheiten hervorzugehen? Wenn er nur eine Woche in einem dieser Slums leben müßte, würde er verrückt werden. Doch diese Mädchen ertrugen ihre Umgebung ohne jeglichen Makel oder Appetitverlust und ohne Schaden zu nehmen an ihrem unheimlichen Instinkt für die richtigen Gesten, die dem Leben Würze und Verheißung verliehen. Während Onuma solchen Gedanken, ganz besonders aber Gloria geltenden, nachhing, bekam er einen Steifen und verspannte sich, was hieß, daß die Nacht eine Qual wurde. Aber schließlich schlief er und nahm Gloria nur in seinen Träumen. In einem versuchte er vergebens, sich in sie zu versenken, als sie beide ohne Flügel durch die Luft flogen.

2

Einer der total verrückten Montage in Lagos reifte heran, denn der Autoverkehr verwickelte sich auf weiten, von Aufregung und düsterer Verzweiflung gezeichneten Strecken im gesamten Stadtgebiet. Jeder, der einen Wagen besaß, beobachtete das Ritual des Wochenbeginns mit religiöser Leidenschaft. Nach der Wochenendpause nahmen sie am Montag die grimmige Balgerei um die Brosamen wieder auf, die von den Tischen der Großen dieser Erde fielen. Sie brauchten die Wagen im Kampf nicht einfach als einen Hebel, sondern auch als eine psychologische Stütze. Also brachten sie sich förmlich um, damit sie diese Wagen kaufen konnten. Jedoch die Autos trafen ein, bevor es Straßen gab, auf denen man mit ihnen fahren konnte. So wurde denn die erste Schlacht um die Herrschaft über kleine Stückchen der hauptstädtischen Straßen ausgetragen.

Onuma stürzte sich am staubigsten, wahnsinnigsten Punkt in den Kampf, denn ein ihm total ungewohnter Zustand, nämlich Geldmangel, hatte ihn in die Reihen der Gemeinen zurückversetzt. Er wußte um ein immer wiederkehrendes Muster in seinem Leben und staunte darüber: einen zyklischen Wechsel von Ordnung und Chaos, der sich des öfteren in einer regelmäßigen Folge von Überfluß und äußerstem Mangel spiegelte. Es schien keinen Weg zu geben, der aus diesem schlimmen Kreis herausführte. Kluge Leute pflegten ihm dringend zu empfehlen, etwas für die schlechten Tage zur Seite zu legen, aber würden sie ihm jemals zeigen können, wie er seine hochgespannten Erwartungen mit dem Hungerleben, das das Land ihm zu bieten hatte, in Einklang bringen sollte? Nachdem er seines wunderschönen Wagens verlustig gegangen war, sollte er eigentlich die Mittel haben, in eleganter Art mit dem Taxi zu fahren. Aber er hatte sie nicht. Er konnte sich nicht einmal einen der schmucken neuen Busse leisten, die kürzlich ihre Routen ausgeweitet hatten, um so entfernte Orte wie Ikeja in die Stadt einzubeziehen. Statt dessen war er gezwungen, auf eine der geisterhaften, dreißig Jahre alten Karren zu warten, die einen widerlichen Rauchball in die Luft bliesen. Als er ankam, war der Bus bereits fast voll, so daß sich Onuma hineinkämpfen mußte. Er fand einen Platz, der ihm

das Allerletzte zu sein schien, denn die hervorgucken-den Federn bissen dem Fahrgast ins Hinterteil.
Inzwischen waren alle Plätze besetzt, doch der Fahrer des Busses zeigte keinerlei Eile loszufahren, was jemanden veranlaßte zu murren: »Aus was Stamm diese Leute sein? Fahrer, warum du nicht fahren?«
Der Fahrer, der vorn in einer kleinen Kabine hockte, schaute sich um und verkündete mit duldsamen Lächeln: »Kein Schaffner. Geh und frag den.«
Der Schaffner, ein junger Mann in einer zerschlissenen *agbada,* stand auf den Stufen des hinteren Einstiegs und schlang ein Stück Brot herunter. Die Erfahrung hatte ihn gelehrt, Fahrgäste zu ignorieren, die zum Losfahren drängten, bevor nicht jedes Fleckchen im Bus besetzt war. Die Hitze des Morgens ergoß sich in den Bus und schien sämtlichen Fahrgästen eine feucht-klebrige, unerbittliche Umarmung abzufordern. Für eine Weile kam das übliche Geschnatter der Passagiere, der übliche Rückblick auf die letzte anrüchige Geschichte, die in der Stadt passiert war, zum Erliegen.
Onumas Nachbarin, eine von einer Perücke gekrönte Schönheit, wand sich vor Hitze. »Schaffner, kein leichter Tod sei dir beschieden!« kreischte sie, während der Schweiß in ockerfarbenen Bächlein über ihr liebliches Gesicht rann.
»Was ist?« knurrte der Schaffner und ließ den Rest des Brotes sinken, von dem er gerade abgebissen hatte.
Das schöne Kind war beeindruckt. »Siehst du nicht, daß der Bus voll ist?«
Er griff ihre Bemerkung auf. »Bus voll? So? Nicht mal mein Brot ich aufessen darf?«
Das war für die Fahrgäste zuviel. Sie fielen über ihn her. »Du dein Brot hier nicht essen können?« – »Du zu Hause nicht Kuku gegessen?« – »Wer ihm diesen Job geben, Chef?« – »Warum sie ihn nicht rausschmeißen?«

– »Scheißkerl!«
Der Schaffner war für einen Augenblick überrumpelt, schmollte, gab jedoch kein Abfahrtssignal.
Er ließ sie noch ein bißchen schwitzen, dann schlug er träge gegen die klapprige Seitenwand des Busses und rief: »Abfahren!« Doch da war es schon zu spät: Das große Lagoser Verkehrsdurcheinander hatte den Vorsprung der Fahrgäste eingeholt. Die anderen Passagiere nahmen die Lage schweigend und schicksalsergeben hin, doch Onuma litt zu sehr unter der Hitze, den Ausdünstungen der schwitzenden Menge und einem ärgerlichen Gefühl des Versagens, als daß er länger in dem Bus hätte sitzen bleiben können. Also stieg er nach einem plötzlich gefaßten, für ihn typischen impulsiven Entschluß aus und ging zu Fuß. Die lange, hoffnungslose Wagenschlange erstreckte sich Stoßstange an Stoßstange, wie es schien, meilenweit. Hinter den Lenkrädern entdeckte Onuma die hauptstädtischen Typen von Fahrzeugbesitzern: die neuen Klubanwärter, die an ihrem Alter und dem ewig gequälten Gesicht zu erkennen waren – ein durch Schulden und Gehorsam erzwingende Gattinnen verfälschter Zug –, und die Geschäftsleute mit Bierbäuchen, so genannt, weil man der Ansicht war, daß ein Bauch das Zeichen jener Art von Reichtum sei, die sich große Mengen Bier leisten kann. Onuma mochte ihre blasierte Mittelmäßigkeit nicht, und so empfand er eine wilde Freude, wenn er an die verächtlichen Worte dachte, mit denen seine Lagoser Neppbrüder sie nach dem Melken belegt hatten.
Es war noch nicht möglich, die Ursache der Verkehrsstockung auszumachen, obwohl an diesen Montagmorgenstaus häufig gar kein augenfälliger Flaschenhals schuld war, sondern nur Konfusion, verlorengegangene Kontrolle und das Unvermögen, die widerstreitenden

Interessen zu vieler hungriger Leute in Einklang zu bringen.

Ein überfeines Geräusch hatte Onumas Ohr bestürmt. Er kannte die Quelle des Geräuschs. Er hatte einen kurzen Blick durch das Fenster eines Mercedes geworfen, sich rasch abgewandt und seine ganze Aufmerksamkeit einem Ziegelsteinmuster geschenkt, das die Straße begrenzte. Jedoch das Geräusch – leises Pfeifen und spöttische Worte – blieb. Onuma hörte, daß sein Name gerufen wurde, doch er gab sich noch immer dem Ziegelsteinmuster hin und würde nicht antworten. Onuma wußte, daß das Geräusch von einem jungen Snob aus seinem Bekanntenkreis kam. Er würde nicht in den Wagen des Burschen steigen, nur um sein Urteil darüber abzugeben, wie hoch der Idiot auf der hauptstädtischen sozialen Leiter geklettert sei. Das Verkehrschaos wurde immer schlimmer. In dem verzweifelten Versuch, sich einen Weg durch das Durcheinander zu erzwingen, jagten einige Fahrer schräg durch die Kolonnen oder hüpften auf die von Fußgängern benutzten Seitenpfade und verursachten ein noch größeres Chaos.

Vor Onuma tat sich die schreckliche Aussicht auf, die ganzen fünfundzwanzig Kilometer bis nach Lagos hinein laufen zu müssen. Er bereitete sich gerade geistig auf die lange, im heißen Staub zu leistende Plackerei vor, als er wieder die Pfiffe und das spöttische Rufen hörte.

Nun, vielleicht war es doch gar nicht so eine schlechte Idee, dachte Onuma, als er an den Mercedes herantrat, dem es irgendwie gelungen war, aus dem Wirrwarr herauszukommen. Seine Kapitulation wurde mit unaufrichtigen Gesten einander bekundeter Höflichkeit überspielt, mit Gesten falscher Kumpelhaftigkeit.

»Was ist mit deinem Wagen los?« fragte der Mercedesbesitzer, der seine übergroße Neugier mit tödlicher Konzentration auf seine Fahrkünste zu maskieren suchte. Was ist mit einem Mann los, der einen Jaguar besitzt und doch durch die Straßen von Lagos marschiert, fragt er sich.

»Oh, mein Wagen ist in der Werkstatt«, antwortete Onuma mit zungenfertiger Zwangslosigkeit. Soll doch der Bursche das Rätsel selber lösen.

»Du warst gar nicht zum letzten Tanzvergnügen im Insel-Klub«, fuhr Mercedes fort und bedachte Onuma mit einem scharfen, nachdenklichen Blick, als wolle er das Ausmaß des Sturzes aus der vom Jaguar repräsentierten Gnade ermessen.

»War zum Dinner bei meinem Präsidenten«, parierte Onuma.

»Die Party war Extraklasse«, prahlte Mercedes. »Jede Menge Großkopfete gaben sich ein Stelldichein. Alhaji Siaka, der Aufsichtsratsvorsitzende von Ikeja–Zement. Und auch der Prinz, der erste stellvertretende Sekretär. Einer von den Großkopfeten hat mir erzählt, daß der Prinz bald Ständiger Sekretär wird. Der Knabe ist 'ne echte Schote! Es waren aber auch noch andere wichtige Leute da, ich kann mich gar nicht an alle erinnern. Und die Mädchen waren *borku.* Estella hat sich nach dir erkundigt.«

»Welche Estella?« fragte Onuma in einem Ton, dessen Keßheit, so hoffte er, den Spaßvogel entmutigen würde, denn er war nicht in der Laune, sich über Estella oder Estellas Ruf mit ihm auszulassen. Mercedes war jedoch zu sehr in Fahrt, als daß er hätte gebremst werden können.

»Was soll das heißen, welche Estella? Estella! Gibt es eine andere Estella?« Er war weniger verwirrt als mißtrauisch gemacht. Offensichtlich vertiefte Onumas fragwürdige Reaktion auf den Namen Estella das Geheim-

nis um den Fußmarsch in die Stadt. Diesmal schenkte er Onumas staubigen Schuhen eine nachdenklichen Blick, als ob dort der Schlüssel läge.
Onuma erkannte, daß er dieses Spiel des Prahlens voreinander, das die Unterhaltungen der jungen Leute in Lagos kennzeichnete, zu Ende spielen mußte. »Oh, Estella«, sagte er mit gelangweilter, welterfahrener Stimme. »Was hat sie für Probleme?«
»Ich glaube, I. K. hat sie gefeuert. Im Augenblick wandert sie von einem Mann zum andern, die sie allesamt durchziehen. Aber sie wird's überleben. Das Mädchen hat einen großen Überlebensinstinkt. Du weißt, daß ich mit ihrer Schwester gegangen bin? Aber nichts Ernsthaftes, nur 'ne Pimperfreundschaft.«
Die Worte schienen aus Mercedes herausgerissen und durch das Fenster in den schweißfeuchten Morgen geschleudert worden zu sein, denn in diesem Moment mußte er verzweifelt lenken, um einem alten Müllwagen auszuweichen, der aus dem Nichts herangerumpelt kam, ihnen den Weg versperrte und eine dicke Wolke widerlicher Düfte genau ins Gesicht blies.
»Ihr tolpatschigen Ratten!« explodierte Onuma. »Ihr Kakerlaken!«
»Ihr Scheißekutscher!« stimmte Mercedes ihm zu, würgte den Motor ab und kam kreischend zum Stehen. Im gleichen Augenblick stürzten die beiden jungen Männer aus dem Wagen, und während Onuma dastand und den Müllwagen haßerfüllt anstarrte, putzte Mercedes dessen Insassen in einer Sprache herunter, auf die jeder Anschlepper im Buspark von Iddo stolz gewesen wäre.
»Ihr scheißeverkrusteten Unberührbaren, ihr Schande der Landstraße, meint ihr, eine Bremse im Wagen sei ein Luxusartikel? Ihr Ausgeburten des Abfalls!«
Nur eine riesige Rauchwolke aus dem zerbrochenen

Auspuff antwortete und trieb die beiden Männer, die beinahe erstickten, zurück.

Der Lastwagenfahrer trat ein paar Minuten auf das Gaspedal und gab dann ein lautes, freches Schlußsignal. Inzwischen war sein Beifahrer, der auf dem Kotflügel gesessen hatte, heruntergeklettert, hatte fachkundig eines der Hinterräder abmontiert, es auf die Erde gelegt und war schlafen gegangen.

Gott in seiner unermeßlichen Güte würde auf alles Obacht geben.

Das Drama nahm seinen durch nichts zu steuernden Verlauf. Scharen ungeduldiger Fahrer hupten hinter ihnen wie wild und wirbelten eine Wolke aus Staub und Lärm auf, was die manische Stimmung der Menge noch deutlicher machte. Polizisten erschienen, schimpften den Fahrer des alten Müllwagens aus, weckten seinen Beifahrer mit Fußtritten, machten unnütze Notizen, versuchten verzweifelt, das Chaos unter Kontrolle zu bekommen und verkrümelten sich dann, als sie sahen, daß ihnen das nicht gelang, verfolgt von einem Schwall Klagen und Flüchen aus dem Mund der enttäuschten Verkehrsteilnehmer.

Die Straße war alles andere als benutzbar. Der schuldige Lastwagen hatte eine Seite blockiert. Aber der aus beiden Richtungen kommende Verkehr konnte abwechselnd die freie Fahrbahn benutzen, und man tat dies auch mit bisweilen verhängnisvollen Konsequenzen. Während eines besonders unangenehmen Staus entschloß sich Onuma, die Rolle eines Verkehrsmeisters und ehrlichen, aber nicht zu ehrlichen Vermittlers zu spielen. Die Zusammenarbeit mit den Motorisierten zu erreichen war kein Problem, denn sie waren bereits so verzweifelt, daß sie willens waren, die Führerrolle jedem zuzugestehen, der irgendeine Form der Lösung anbot, egal was. Onuma gelang es, ein paar wütende

Wahnsinnige zu verblüffen und andere Hysteriker mit sanften Worten zu beruhigen. Für einen Augenblick konnte der Verkehr durch die von ihm geschaffene Öffnung sickern, und Mercedes, der sich als ein wahrer Meister im Gebrauch der Ellenbogen und äußerst riskanter Manöver erwies, gelang es, hindurchzukommen. Onuma trat von der freiwillig übernommenen Aufgabe zurück, gesellte sich wieder zu seinem Freund und gab sich mit diesem für den Rest der Fahrt einer lasterhaft nihilistischen Beurteilung der Stadt Lagos hin.

Zum Teil infolge der Prüfungen des Tages, zum Teil wegen der quälenden Ängste war Onuma nicht in allerbester Verfassung, als er den Geschäftsführer seiner Bank aufsuchte und ihn bat, sein Konto überziehen zu dürfen. Der Geschäftsführer kanzelte ihn jedoch ohne ein Wort der Erklärung ab. Er hatte in Onumas Gesicht Zeichen der Not und Verzweiflung entdeckt, und seine Natur war unempfänglich für in Not geratene und verzweifelte Leute. Er mied sie wie die Pest.

Die Bank gehörte einer europäischen Gesellschaft, von der man allgemein annahm, sie melke Nigeria. Der Geschäftsführer, der Kontoüberziehungen genehmigte, war Nigerianer. Seine Weigerung, einem nigerianischen Landsmann einen Gefallen zu tun, kündigte Onuma ein geheimes Einverständnis mit dem Feind an, dessen Ziel es war, die schwarze Rasse zu opfern. Der Mann war ein Handlanger. Onumas Gefieder sträubte sich, nicht nur, weil ihm Linderung der Not versagt wurde, sondern auch gegen möglichen ideologischen Verrat.

»Ich werde mein Konto bei Ihnen auflösen!« rief er aus.

Der Geschäftsführer war tolerant. »Oh, das wäre schade«, antwortete er. »Aber was können wir tun? Sie sehen, Mr. Okudo ...«

»Ich heiße nicht Mr. Okudo.«

»Oh, Verzeihung ...« Der Geschäftsführer schaute in das Hauptbuch, um sich zu vergewissern, doch bevor er wieder aufblickte, verließ Onuma aufgebracht den Raum.

Im nächsten Augenblick stand er vor einem fetten Kassierer und verlangte wütend die Schließung seines Kontos. Der fette Kassierer begegnete ihm mit Verachtung und Feindseligkeit. »Wie ist der Name?« fragte er mit einem bitteren Zug um den Mund.

Nicht zu freundlich nannte Onuma Namen und Kontonummer und wartete. Nachdem eine Ewigkeit vergangen zu sein schien, brachte ein trauriger uniformierter Bote einen Auszug. Der fette Kassierer starrte darauf, betrachtete dann Onuma mit ausgemachter Ruhe und verkündete schließlich: »Ihr Konto ist in den roten Zahlen. Wenn Sie es schließen wollen, müssen Sie der Bank drei Pfund und fünf Shilling bezahlen. Der nächste bitte.«

Die Chancen, den Ort mit Würde verlassen zu können, waren gering, aber Onuma versuchte es. Mit der Miene eines Menschen, der in unerträglicher Weise beleidigt worden ist, machte er hochmütig kehrt und rauschte aus der Bank. Er war zwar bis zur Bewußtlosigkeit benommen, sammelte jedoch in seiner Wut genügend Schwungkraft an, die ihn zu seinem Arbeitsplatz, der Anglo-Nigerianischen Schiffahrtsgesellschaft, trug.

Mr. Karolides begrüßte ihn mit schmeichlerischer Höflichkeit. »Haben Sie einen schönen Urlaub gehabt?«

»O ja ...« Onuma gelang es nicht, den Satz zu vollenden, und Karolides drängte auch nicht. Der mit seinem verdammten Taktgefühl! Onuma war nahe daran, von seinen Problemen zu erzählen, bremste sich aber schließlich doch, denn der andere hatte mit seiner unpersönlichen Haltung seine Hoffnungen zunichte gemacht. Mr. Karolides ermutigte niemanden, Vertraulichkeiten und persönliche Wehwehchen mit ihm zu teilen. Seine Beziehungen zu seinen Mitarbeitern, besonders den Nigerianern, bewegten sich auf einer offiziellen Halte-Abstand-Ebene. Sie wußten nicht, wo er wohnte, ob er eine Familie hatte oder nicht, wie es um sein Liebesleben stand. Das gleiche sanfte Geheimnis umgab seine Schiffahrtsgeschäfte. Onumas Job war es, der nigerianischen Öffentlichkeit dieses Geschäft zu verkaufen, aber Schiffe bekam er nie zu Gesicht. Er hatte von einigen gehört, die von bestehenden Linien gemietet waren und etwas betrieben, was sehr nach Schmuggelei aussah. Aber daß Mr. Karolides in dunklen Geschäften tätig sein sollte, konnte man sich nicht vorstellen. Er wirkte einfach zu solide. Mehr als bei jedem anderen, den Onuma kannte, ließen seine Manieren nur an den engen, geraden Weg denken. Onuma haßte und bewunderte ihn, weil die Unschuldsfassade, die er der Welt zeigte, so vollkommen und so wirkungsvoll war.

Als Mr. Karolides schmeichlerisch lächelte und Onuma mit einer Handbewegung gehen ließ, begab sich dieser zu Mr. Koko, dem Buchhalter der Gesellschaft. Mr. Koko war nicht zurückhaltend in Fragen, die sein oder der Gesellschaft Privatleben betrafen. Er war geschwätzig, überschwenglich und unflätig. Eine von seinen Worten gefangengenommene Zuhörerschaft, die stellvertretend Anteil nahm an seinen Geschäften und sexuellen Erfolgen, schien ihn für besonders flott zu halten. Seine neueste Eroberung, erzählte er Onuma sogleich, sei eine junge, kaum den Teenagerjahren entwachsene Schülerin. Ihre Zuneigung habe er dadurch errungen, daß er ihr eine Stelle versprach. Und er sagte, er habe, wohl wissend, daß es überhaupt keine Stelle gab – weil nämlich der einzige, der einen

Job vergeben konnte, der *oga,* mit anderen Worten Mr. Karolides war –, eine Menge Geld springenlassen, um sie zu blenden. Er hatte sie aus dem Norden nach Lagos geflogen, sie in einem toll aufgemachten Hotel einquartiert und ihr ein rosiges Bild ihrer Aussichten in jenem Job gemalt. Zum Dank habe sie mit ihm die sinnenverwirrendste sexuelle Schaffe abgezogen, die er je erlebt habe.

»Wahrhaftig«, brüstete er sich, »in der letzten Nacht hat sie mich fast abgeschlafft. Wo haben diese Mädchen nur ficken gelernt?« Wie Koko sagte, wartete jedoch auf das Mädchen eine große Überraschung. »Weißt du, sie behauptet, sie könne Schreibmaschine schreiben. Das sagen sie alle. Ich weiß aber, sie kann es nicht. Ich möchte ihr Gesicht sehen, wenn ich sie morgen zu einem Test mit ins Büro bringe und, wenn sie versagt, rausschmeiße. Vorher werde ich natürlich noch einmal ihre dicke, behaarte Muschi besuchen. Hast du schon einmal das Gefühl kennengelernt, einem Mädchen gleich nach dem Bumsen den Laufpaß zu geben?«

»In der Tat nicht.«

Koko war begierig, alles von Onumas eigenen Erfahrungen zu hören, doch er wollte ihm den Gefallen nicht tun. Er war an diesem Morgen anders fixiert.

Koko riß die Gelegenheit zum Prahlen, die Onuma sich hatte entgehen lassen, an sich und begann seine geschäftlichen Affären darzulegen, die Enttäuschung, nicht zwei Häuser zur gleichen Zeit bauen zu können und das Schulgeld für drei seiner Neffen, die die Grundschule besuchten, bezahlen zu müssen.

»Aber du mußt wissen, daß mein Bankkonto nie in den roten Zahlen ist.«

»Wirklich?« fragte Onuma, der diesmal ehrlich interessiert war.

»*Oga* hat sich mir gegenüber großzügig erwiesen. Er

gewährt mir ein Darlehen, wann immer ich ihn darum bitte.«

Das war für Onuma ein Fingerzeig, seine eigenen Nöte vorzubringen. Er erkundigte sich nach den Möglichkeiten, ein Darlehen zu erhalten.

Koko verschloß sich auf einmal wie eine Muschel. Seine überschwengliche Art machte einer qualvollen Geschäftigkeit Platz; die feuchten schwarzen Augen des erfahrenen Schürzenjägers umwölkten sich, er richtete seine hübschen, buschigen Brauen in einem schmerzlichen Konzentrationsversuch auf ein dickes Hauptbuch und erinnerte Onuma mit veränderter Stimme an einen schon lange anstehenden Kredit.

»Du hast für ›Unterhaltungszwecke‹ fünfhundert Pfund bekommen, aber von der Spesenabrechnung habe ich noch nichts gesehen. Hast du sie jetzt da?« Er blickte Onuma vorwurfsvoll an. Er hatte sich stets über die Tatsache geärgert, daß jedermann in der Gesellschaft sich der Segnungen eines Spesenkontos erfreute – nur er nicht.

Das Klingeln des Telefons bewirkte, daß er sich ein wenig beruhigte. Er gab sich am Apparat eifrig und salbungsvoll, und die vielen Sirs in seinen Antworten bewiesen, daß er mit Mr. Karolides sprach. Als er schließlich auflegte, leuchteten seine Augen vor Ergebenheit. Mit einer Stimme, in der ein leichtes Zittern zurückgeblieben war, verkündete er: »Es war *oga.*« Dann fragte er in wesentlich schärferem Ton: »Weißt du, wo wir ausländische Währung kaufen können?«

Onumas Herz setzte einen Schlag lang aus. Er hatte auf einmal das Vorgefühl eines Fortschritts in seinem Leben, der entscheidend und furchtbar sein würde. Das Gefühl verging binnen eines Augenblicks. Dann hörte er Koko fragen: »Kannst du einen unserer Jungen als Käufer nehmen?«

Onuma zögerte.
Da nahm Koko zu dem magischen Losungswort »*Oga* hat mich gebeten, mit dir zu sprechen« Zuflucht.
»Es gibt keinen Weg«, antwortete Onuma. »Ich muß selber gehen.«
Koko kam plötzlich ein finsterer Verdacht, dann brütete er ein wenig vor sich hin. Schließlich brabbelte er: »Immerhin hast du Urlaub, und wir sollten dir in deiner Freizeit nichts aufdrängen.«
Onuma überhörte dieses kindische Getue. Seine Gedanken waren sonstwo, sie waren bei seinem Wagen, seinem *alter ego*, das Symbol seiner persönlichen Identität erwachte wieder zum Leben. Er fragte sich, weshalb Mr. Karolides gerade jetzt ausländische Währung brauchte. Der Kauf ausländischer Währung auf dem schwarzen Markt, um sie nach England zurückzubringen, war ein gewöhnlicher Steuerschwindel; mit seiner Hilfe wurden Übergewinne verheimlicht, denn die in Nigeria tätigen europäischen Gesellschaften waren absolut nicht scharf darauf, sie der Staatssteuerkasse zur Kenntnis zu geben.
Ausländische Währung zu kaufen gehörte durchaus zu Onumas Aufgaben, so daß er sich fragte, weshalb Koko zögerte, sie ihm anzuvertrauen.
»Um wieviel geht es?« fragte Onuma mit – so hoffte er – gleichbleibender Stimme.
»Zwei- oder dreihundert«, antwortete Koko widerwillig und beobachtete Onuma sorgfältig.
»Und wann?« wollte Onuma wissen und vermied es, die Enttäuschung durchklingen zu lassen. Er hatte gehofft, es würde viel mehr sein.
»Ich nehme an, heute oder morgen«, erwiderte Koko mit der gleichen, von Zweifel erfüllten Stimme. Er tat so, als habe er jegliches Interesse an dem Vorhaben verloren und wünsche die Unterhaltung zu beenden. In

Wirklichkeit reagierte er auf jedes Vorhaben der Gesellschaft so, bei dem jemand anderes einen Schnitt machen konnte.
Bestürzt, daß die Chance ihm entgehen könnte, spielte Onuma seine Trumpfkarte aus. »Ich werde von morgen an nicht zu Haus sein.«
»Oh, es hat keine Eile«, sagte Koko schnippisch. »Es hat Zeit, bis du zurück bist.«
»Aber ich weiß nicht, wann ich zurück sein werde. Warte, laß mich zu Mr. Karolides gehen und mit ihm darüber sprechen.«
Diese Taktik hatte Erfolg. Koko vermochte seinen Schreck nicht zu verbergen. Die Angelegenheit schien ihm aus den Händen zu gleiten. Seine Befähigung, die Botschaft des *oga* zu empfangen und weiterzuvermitteln, wurde in Frage gestellt. Er mußte die Initiative wiedergewinnen.
»Ich werde einen Scheck fertigmachen«, verkündete er, als habe er einen plötzlichen dramatischen Entschluß gefaßt. «Komm her!« bellte er einen Angestellten im Nachbarbüro an. Der Junge kam zu ihm gestürzt.
»Schreib einen Scheck über dreihundert Pfund für Mr. Okudo ...« Gewissermaßen als nachträglichen Gedanken und um die Freude, die in Onumas Gesichtszügen zu leuchten begann, zu dämpfen, fügte er hinzu: »Wir werden es Ihnen als Vorschuß von einem Spezialkonto geben müssen und rechnen heute abend ab, wenn Sie die ausländische Währung bringen.«
Onuma blieb nichts übrig, als einzuwilligen. Innerlich glühend, erfüllt von Erwartung, die man ihm, so hoffte er, nicht zu sehr ansah, harrte er aus, während der Scheck vorbereitet wurde und Koko, der nun einen bitteren und geplagten Eindruck machte, in Mr. Karolides' Büro verschwand, um bei diesem die zweite Unterschrift zu holen. Als der Buchhalter zurückkehrte, hatte

sich seine Laune noch immer nicht gebessert. Onuma mißverstand seine Geste als Zeichen, daß der Scheck übergeben werden solle, und streckte die Hand danach aus, doch Koko zog seine Hand rasch zurück. »Du hast noch nicht unterschrieben«, sagte er eisig.

Onuma unterzeichnete, nahm den Scheck in Empfang, schenkte dem Buchhalter ein spöttisches Lächeln und schoß zur Tür hinaus, bevor dieser Gelegenheit hatte, seine Meinung zu ändern.

»Nimm Dollar, wenn's geht, andernfalls tun es auch englische Pfund«, brüllte Koko hinter ihm her. Onuma hörte es kaum, denn er war schon im Traumland und trieb mit seinem Liebling auf der Woge glücklicher Wiedervereinigung.

Zunächst löste er den Scheck in der Bank gegen Bargeld ein, dann mußte er sich erst einmal von den Wunden des Tages erholen und auch ein wenig feiern.

Er begab sich in die Halle des Hotels »Glasgow« und bestellte Bier. Zu dieser Tageszeit herrschte dort reges Treiben. Viele gutangezogene junge Männer machten Geschäfte, aber allen waren peinlich genau umrissene, enge Grenzen gesetzt. Alle trugen sie schwarze Aktentaschen als eine Art Ehrenzeichen mit sich herum. Ein paar hübsche junge Nutten lungerten herum und schnappten da und dort etwas auf. Vor vielen Jahren war das Hotel »Glasgow« als exklusiver Zufluchtsort für die Weißen und ihre mit Geld wohlversehenen schwarzen Geschäftspartner gegründet worden. Als Antwort auf die Gleichberechtigungsgedanken der Zeit hatte es seine Türen geöffnet und sich in eine Kombination von Effektenbörse und Bordell verwandelt. Hier wurden Geschäfte abgeschlossen, Luden und Nutten wählten ihre Kunden aus, heimliche Transaktionen wurden getätigt.

Kaum hatte Onuma sein Bier getrunken, da näherte sich ihm ein schmächtiger junger Mann, dessen Erfolgsaussichten durch einen entsetzlich geschnittenen Anzug geschmälert wurden. Trotzdem lächelte Onuma ihm ermutigend zu. Er hatte ihn schon des öfteren in solcher Umgebung gesehen, und obwohl er noch nie ein Wort mit ihm gewechselt hatte, gab sich der junge Mann ihm gegenüber stets sehr familiär. Onuma fragte sich, ob er vielleicht nichts als ein Bier spendiert haben wolle, und war entschlossen, es ihm abzuschlagen. Aber der Ankömmling ließ sich ungezwungen nieder, verstaute seine Aktentasche sorgfältig und fragte dann ruhig und kühn, ob Onuma ausländisches Geld kaufen wolle.
»Dollar oder Pfund Sterling?« erkundigte sich Onuma.
»Dollar. Aber wenn Sie Pfund Sterling möchten, kann das auch arrangiert werden.«
»Nein, danke.«
Der junge Mann lächelte – nichts für ungut! –, ergriff seine Aktentasche und zog weiter, um sein Anliegen woanders vorzutragen.
Als Onuma in den späten Abendstunden nach Hause kam, fand er Gloria bereits in seinem Bett. Eingehüllt in einen goldfarbenen Morgenmantel, wirkte sie lächerlich klein. Ihre honigfarbene Haut strahlte im Verein mit dem Gold des Gewandes ein Leuchten aus, das das Halbdunkel des Schlafraumes aufheiterte.
Onuma war schon voll da, als er die Unterhose auszog. Gloria hatte so getan, als schliefe sie, doch sowie er ihren Morgenmantel zu öffnen begann, verriet sie, daß sie gar nicht geschlagen hatte, denn sie sagte: »Du sagst kein Wort zu mir, daß du wieder zu Hause bist, oder sonst was, sondern das erste, was du willst, ist Bumsen.«
Oh, wie entzückend charakteristisch für Gloria, dachte er, als er mit seinen sanften, auserlesenen Manövern

fortfuhr. Jetzt zu sprechen wäre unklug. Schließlich kannte er Gloria. Im wesentlichen bestand sie aus zwei Persönlichkeiten. Die eine war von den Slums und dem harten Kampf ums Überleben in Lagos grün und blau geschlagen – die Wunden waren zwar verheilt, hatten aber viele Narben hinterlassen, die schmerzten, wenn man sie auf falsche Art rieb, und die richtige Weise zu erkennen war nicht immer leicht. Die andere Persönlichkeit, die beim Lieben und danach zum Vorschein kam, kannte keine Neurosen; sie schien voll und ganz aus Süße und Licht zusammengesetzt. Die Erinnerungen, auf die sich seine Liebe zu ihr gründete, hatten mit seinem Gefühl, ein Wunder erlebt zu haben, zu tun, als sie aus dieser anderen Persönlichkeit heraustrat. Also machte er sich ans Werk, und in Minutenschnelle führte er sie auf einen Gipfel unharmonischer Ekstase. Anschließend konnten sie im zauberhaften Nachhall des beiderseits erlebten Höhepunkts reden und schwatzen und Pläne machen.

3

Als Onuma am nächsten Morgen im Buspark von Iddo eintraf, mußte er sich der ernsthaften Behandlung unterziehen, die für alle angehenden Fahrgäste verbindlich zu sein schien.

Ein Anzahl von Anschleppern fiel über ihn her. Der eine erleichterte ihn um sein Gepäck, ein anderer nahm ihm den Mantel ab, doch ein dritter drängte ihn zu einem Peugeot-Bus hin. Durch wirkungsvollen Einsatz von Fäusten und Zunge gelang es ihm, das Gleichgewicht einigermaßen wiederzugewinnen und sich mehr oder weniger mit freiem Willen einen Platz zu sichern. Doch die Anschlepper, die ihn so hart bearbeitet hatten, waren in Anbetracht all dessen sehr gutmütig. Denn das Bearbeiten von Vorbeikommenden war ein Ritual der Gleichberechtigung, zu dem unausweichlich gehörte, daß man Schläge hinnahm und austeilte. In diesem Sinne bemerkte einer Onuma gegenüber: »Wenn du nicht wollen, wir dich bringen, daß du eigenen Wagen kaufen.«

Onumas Herz machte eine Hüpfer, als er daran dachte, daß es nur eine Sache von Stunden war, daß er in der Tat seinen eigenen Wagen haben würde, was auch hieße, frei zu sein von den Besudelungen des Autoparks. Doch was würde geschehen, wenn es nicht gelang, den Jaguar zu bergen? Onuma wies den Gedanken rasch von sich, er konnte es nicht ertragen, an eine solch zermalmende Möglichkeit zu denken. Seine Hand streckte sich, Schutz suchend, nach dem Pappkarton aus, in dem einige teure Motorteile lagen, die er vorsorglich für eine Reparatur gekauft hatte. Er wußte, daß er außer in Lagos die Teile nirgendwo im Lande bekommen konnte.

Die Straße war auf der Rückfahrt nicht so leer, aber genauso bedrohlich wie zuvor; sie hatte schon ihren üblichen Blutzoll von unvorsichtigen Verkehrsteilnehmern eingetrieben. Der aufgedunsene Leichnam war von anonymen Samaritern forgeschafft worden. Nach wenigen Stunden bahnte sich der Peugeot seinen Weg mitten unter die auf dem berühmten Markt von Onitsha versammelte Menge lärmender, staubbedeckter Leute.

Onuma machte sich frei von der hitzigen Masse ungewaschenen Fleisches und fuhr mit einem billigen Taxi zur Bergungsfirma »Orient«. Sie war zwischen einer Schule und einer Kleiderfabrik eingeklemmt. Auf dem Hof standen jede Menge beschädigte Wagen in den verschiedensten Verschleißstadien. Der Eingang wurde von einer zwischen zwei Pfosten gespannten Kette versperrt und von einem müden alten Zerberus bewacht, der Onuma prompt anrief. Er hatte gesehen, daß dieser aus dem Taxi stieg, zwei Kartons heraushob und sie mit sichtbarer Anstrengung zum Tor trug. Nachdem er sich seine eigene Meinung über den angehenden Kunden gebildet hatte, nahm er eine betont gelangweilte Haltung ein, bis Onuma ihn weckte.

»Was ist?« brummte er.

»Kann ich den Geschäftsführer sprechen?«

»Hier nix Geschäftsführer. Was du wollen?«

»Ich will einen Bergungswagen.«

»'nen Bergungswagen? Bin kein Geschäftsführer, dem du das sagen.«

»Also, kann ich den Geschäftsführer sprechen?«

Der Torwächter verschwand, ohne ein Wort zu sagen, und kam bald mit einem kleinen Mann zurück, der einen Overall trug. Beide nahmen Onuma ohne sonderlichen Enthusiasmus in Augenschein.

»Kann ich nun den Geschäftsführer sprechen?« wollte Onuma wissen.

»Das hier Ingenieur«, sagte der Torwächter streng.

Der schmächtige Jüngling starrte Onuma vorwurfsvoll an. Er schien einer der unglücklichen Menschen zu sein, die von Herzen gern herausragen wollen, sich aber dessen bewußt sind, daß es ihnen an der erforderlichen Erscheinung fehlt.

»Weshalb möchten Sie den Geschäftsführer sprechen?« fragte der Ingenieur.

»Das habe ich bereits diesem Herrn da gesagt.«

»Was Sie diesem Herrn gesagt haben, hat nichts zu bedeuten.«

»Ich möchte gern ein Bergungsfahrzeug mieten.«

»Wir haben geschlossen.«

Onuma hatte das befürchtet, doch sein Wille, seinen Wagen an diesem Tag zu bergen, war aufgezogen wie ein Uhrwerk, und er konnte es sich nicht erlauben, daß die Feder brach.

»So früh haben Sie schon geschlossen?« Er versuchte Zeit zu gewinnen.

Aber gerade in diesem Augenblick tauchte aus einem der Büros ein braunhäutiger Mann offensichtlich orientalischer Abstammung auf und fragte gleichgültig: »Worum geht es hier denn?«

»Ich wollte wissen, ob ich ein Bergungsfahrzeug mieten kann.«

»Natürlich«, sagte der Orientale, der sich in der Tat als der geheimnisvolle Geschäftsführer erwies. »Sie hatten einen Unfall?«

»O ja«, erwiderte Onuma eifrig. »Dreißig Meilen von hier ...«

»Sie wissen, daß Sie das Fahrzeug vorher bezahlen müssen?«

»Ja, geht in Ordnung«, stimmte Onuma zu.

Der Ingenieur wollte sich gerade verkrümeln, als der Geschäftsführer ihn entdeckte und zu Onuma sagte: »Der Ingenieur wird mit Ihnen fahren.«

Der Ingenieur sagte nichts, sondern wandte sich nur ab wie ein ungehobelter Klotz und begab sich in sein Büro. Obwohl Onuma durch seine zwei Pakete behindert war, eilte er hinter ihm her. Drinnen, im Büro, einem engen Loch, das vollgestopft war mit Autoschrott, saßen sie schweigend, als wolle einer dem anderen die erste Bewegung abtrotzen. Das unerfreuliche Eis wurde von einem Kassierer gebrochen, der offensichtlich auf Anweisung des orientalischen Geschäftsführers Papiere brachte, die Onuma unterschreiben sollte. Erleichtert wandte sich Onuma ihm zu. Der Kassierer war im Gegensatz zu seinem Ingenieurkollegen ein angenehmer, sauberer Jüngling, der sogar eine Krawatte trug. Er plauderte leutselig, während Onuma bezahlte und die Papiere unterschrieb. Inzwischen war der andere im Schutze ihrer geselligen Unterhaltung nach draußen entschlüpft, um sich seinen eigenen Angelegenheiten zu widmen.

Nachdem der Kassierer gegangen war, warf Onuma einen Blick auf den Hof und entdeckte einen zwar ziemlich verbeulten, aber einsatzfähigen Bergungswagen, der zur Abfahrt bereitstand. Auf dem Fahrersitz saß der Ingenieur; er trug noch immer einen Ausdruck gekränkter Langeweile zur Schau. Als er Onuma sah, gab er ihm mit einer müden Geste zu verstehen, daß es das beste wäre, wenn er einstiege. Ein paar Minuten später waren sie unterwegs.

Sehr zu Onumas Überraschung entpuppte sich der Ingenieur als ein durchaus redseliger Bursche. Sein vorherrschendes Thema war die schlechte Behandlung, die er durch seine Arbeitgeber erfuhr. Die Besitzer der Bergungsfirma waren Libanesen, und diese Tatsache betrachtete der Ingenieur als absolute Ungerechtigkeit.

»Verstehen Sie, gegen Sie habe ich überhaupt nichts«, verkündete er Onuma.

Der war froh, daß er in diesem Punkt beruhigt wurde.

»Aber diese Libanesen, die kann ich nicht ausstehen. Sehen Sie sich ihn an«, erklärte der Ingenieur schwülstig. »Er nennt sich Geschäftsführer, hat aber von nichts eine Ahnung. Alles, was die Arbeit angeht, liegt in meiner Hand. In Europa, wo ich gelernt habe, würde es dieser sogenannte Geschäftsführer bestenfalls zum Ladenjungen bringen. Aber hier machen sie ihn zum Geschäftsführer, nur weil seinem Bruder die Firma gehört. Wissen Sie, wie viele Jahre ich in Europa für diesen Beruf gelernt habe?«

Onuma nickte, um ihn zu ermutigen.

»Sechs Jahre! Fünf in Paris und eins in London. Sechs

Jahre in Europa sind kein Spaß. Aber was bekomme ich dafür? Daß ich mich vor diesen libanesischen Scheißkerlen ducken muß.«

Onuma konnte nicht umhin, daran zu denken, daß es diese libanesischen Scheißkerle waren, die es möglich machten, ein Bergungsfahrzeug zu mieten, doch freundlicherweise gestattete er dem Ingenieur, einigen seiner fixen Ideen freien Lauf zu lassen.

»Wissen Sie, was ich tun würde, wenn es nach mir ginge?«

»Was denn?«

»Sie alle aus dem Land jagen.«

»Da wäre aber die Frage der Entschädigung.«

»Nichts ist mit Entschädigung. Sie haben diesem Land das Blut bis zum letzten Tropfen ausgesaugt. Wir schulden ihnen überhaupt nichts.«

Onuma begann sich für den unterdrückten Mann zu erwärmen. Aus der Art, wie der Ingenieur mit dem Lastwagen umging, ersah er, daß es sich um einen fähigen, wahrscheinlich sogar brillanten Fachmann handelte. Seine Freude am Leben war von einer schweren Last geschmähter Verdienste erstickt worden.

Ungefähr auf halbem Wege nach Aniocha kamen sie an einer »Internationales Hotel« genannten Trinkbude vorbei. Onuma ließ den Ingenieur halten und kaufte ihm ein Bier, um ihn ein wenig aufzuheitern. Und es heiterte ihn in einem Maße auf, daß er nun zu lachen und auch laut zu erzählen begann. Den Rest der Fahrt erzählte er von seinen unerfüllten Träumen, seinem niedrigen Lohn und seiner Ausbildung in Europa. Es war, als sei das Tor zur Schleuse seiner Enttäuschungen, das er stets geschlossen gehalten hatte, für eine Weile geöffnet worden. Als er im Zentrum von Aniocha hielt, war er beinahe froher Laune. Onuma sagte ihm, daß sie noch nicht da seien.

Die Miene des Ingenieurs umwölkte sich. Sein Argwohn kehrte zurück.
»Aber ich habe doch gehört, daß Sie Aniocha gesagt haben«, erklärte er.
»Wir haben nur noch eine Meile zu fahren«, sagte Onuma.
Der Ingenieur ließ sich Zeit, das zu überdenken. Schließlich hob er mit bitterer Resignation die Schultern, startete und fuhr mit düsterem Gesicht weiter.

Als sie den Ort erreichten, wo der Jaguar über den Rand des Abgrunds gestürzt war, lag abseits der Straße dessen übel mitgenommenes Gerippe. Der Ingenieur war daran vorbeigefahren, bevor er hielt, und Onuma dachte zunächst, daß er sich infolge der unsicheren Lichtverhältnisse und des aufkommenden Dunstes geirrt habe. Aber nachdem der Wagen zurückgesetzt hatte, bestätigten sich seine Ängste.
Doch die menschliche Selbsttäuschung ist so stark, daß Onuma noch nicht einmal den unwiderlegbaren Beweis, der ein paar Meter vor ihm lag, verstehen oder glauben konnte. Erfüllt von zitternder Hoffnung und Furcht, sprang er aus dem Lastwagen und begab sich ängstlich an den Rand des Abgrunds. Dort waren die Felsen, die den Jaguar zweimal gerettet hatten, ihn aber kein drittes Mal zu retten vermochten, alte Felsen, denen alle Spielarten menschlicher Seelenqual gleichgültig waren. Es war tatsächlich der Ort. Diese Eisenreste waren sein Wagen.
Das Pathos des Todes wurde von der Stimme des Ingenieurs unterbrochen. »Die haben ihn ausgeschlachtet, was? Regelrecht reinen Tisch gemacht. Was machen wir nun?«
Als Antwort begann Onuma qualvoll zu heulen.
Der Ingenieur erschrak. Er war mit dem jungen Mann,

der so beharrlich gewesen war, nicht konform gegangen. Er hatte dem Burschen von Anfang an mißtraut. Und nun stellte sich heraus, daß er recht gehabt hatte. Der Ingenieur fühlte sich in seiner grundsätzlichen Lebensphilosophie noch einmal bestätigt: »Mit den Menschen kann man nichts anfangen.« Folglich mußte er zusehen, daß er so schnell wie möglich aus der Sache herauskam. Er wendete also, trat aufs Gaspedal und brummte davon.

Bei der Abfahrt des Lastwagens wurde Onuma von einem Gefühl menschlicher Einsamkeit übermannt, und die Tränen für seinen Liebling begannen schneller zu fließen. Und mehr als alles andere waren es seine Tränen, die die Menge auf seinem Weg nach Hause hinter ihm herziehen ließen.

Oliaku kam als erste aus dem Anwesen gerannt. Als sie die Menge sah und erkannte, wer in ihrer Mitte ging, brach sie in düsteres Wehklagen aus.

In der Menge befanden sich viele Angehörige der *umunna,* unter ihnen auch der Magier, was beweist, wie wirkungsvoll das von den Dorfbewohnern benutzte Buschsignalsystem war.

Udemezue, der eine kleine Lampe in der Linken hielt, ragte groß und fest und unzerstörbar hinter seinem geschnitzten Tor auf. Sobald die Menge seiner ansichtig wurde, blieb sie stehen. Onuma, der sie angeführt hatte, machte halt und schlug die Augen nieder. Oliaku hatte ihr Heulen so weiterentwickelt, daß sie Anrufe an die Todesgeister der Vorfahren einflechten konnte. Ein paar Frauen schlossen sich ihr an.

»Kommt alle rein«, sagte Udemezue gelassen.

»Hier lang!« Der Magier übernahm seine Rolle als Zeremonienmeister.

»Es reicht, Frau«, schalt eine Nachbarin Oliaku und

nahm sie sowie die anderen Weiber, die sich vor lauter Tränen nicht mehr zu halten wußten, in ihre Obhut. Wie eine Schafherde trotteten sie zu den Frauenhäusern.

Der Magier begann tätig zu werden. Als die Menge in das *obi* zog, nahm er Onuma zur Seite und flüsterte geheimnisvoll. Dann verkündete er laut zum Nutzen aller: »Überlaß die Sache mir.« Schließlich trat auch er in die Hütte, setzte sich und begann in den Zähnen zu stochern.

Onuma schloß sich den anderen nicht an, sondern blieb abseits draußen vor dem *obi* stehen. Der Magier brüllte ihn an: »Onuma, du Legende von Lagos, ist das die Art, mit der du Leute zum Willkommen in dein Haus bittest? Was ist mit ihm los? Menschenskind!« rief er zu Onuma hinaus, der noch immer verdattert dastand. »Mann, komm rein und gewähre in deines Vaters Haus Gastfreundschaft.«

Statt zu antworten, sank Onuma zu Boden, stieß mit den Beinen um sich und wälzte sich in einem Anfall des Kummers.

Tiefes Schweigen breitete sich aus. Dann schien er sich zu beruhigen, es war fast, als schliefe er. Die Leute hielten es für klug, ihn so liegen zu lassen. Aber wieder schrie der Magier: »Onuma Okudo, steh auf und benimm dich nicht länger wie ein Kind!«

Ob es nun dieser eindringliche Befehl oder etwas anderes war, niemand konnte es sagen, auf jeden Fall aber erhob sich Onuma und taumelte wie im Traum zu seinem Haus.

»Ich werde mich um ihn kümmern«, sagte der Magier, noch bevor sich einer rührte, und folgte Onuma.

Wenig später kehrte er zurück und flüsterte Udemezue wichtigtuerisch zu: »Er schläft. Seine Mutter ist bei ihm.«

Udemezue hatte dieser neuen Krise in seinem Gehöft mit Ruhe entgegengesehen. Aber die Ankündigung des Magiers, der Menge die übliche Gastfreundschaft zu gewähren, hatte ihn angefeuert.
»Schau nach, ob noch was in dem Topf da ist, Sohn«, sagte er zu dem Magier. In der Nähe der Hausgötter lehnte ein Topf ziemlich ausgedient an der Wand. Der Magier wirtschaftete eine Weile aufgeregt herum und schüttelte dann den Kopf. Die anderen fingen den Hinweis auf und lehnten höflich den angebotenen Palmwein ab.
»Wir wissen, wie schlimm der Tag ist«, sagten sie. »Aber wir wissen auch, daß wieder gute Tage kommen werden.« Nach einer weiteren kurzen Pause erhoben sich die Verwandten und gingen. Einige Angehörige der *umunna* blieben aber noch im *obi,* um Udemezue Gesellschaft zu leisten, bis sie ins Bett verschwanden.
Ein Alter hatte gerade ein kleines Schwätzchen begonnen, da stürzte Onuma wutentbrannt herein. »Wo ist der Ingenieur, dieser dreckige Schuft? Er hat mein Gepäck geklaut. Wehe wenn ich den in die Finger kriege, diesen Hundesohn!« Seine Augen huschten über die Versammlung. Die Leute erwiderten seinen Blick voller Erstaunen. Sie verstanden nichts. Hier hatte die Mär, er sei verrückt, ihren Ursprung.

III.
Das zerbrochene Bild

1

Der Tag versprach der des Magiers zu werden. Der schaffte alle Werkzeuge seines »okkultischen« Berufs in Udemezues *obi* und demonstrierte den ganzen Morgen über ihre Wirksamkeit. Eine in Rotholz gezeichnete Fiber nannte er »Chandus Blut«. Außerdem hatte er ein piepsendes Rohr, einen bunt bemalten Dreizack, gefiederte Pfeile, zu einer Kette aufgefädelte Kaurimuscheln, einen Kunststoffkranz, einen eingefärbten Kuhschwanzwedel, Perlen ausgewählter Größe und Farbe, Elfenbeinschlüssel, Ringe in kabbalistischen Formen, antike Münzen. Die Gründlichkeit, mit der er sein Zubehör zusammengestellt hatte, und die irre Gewißheit von dessen Macht waren beeindruckend.
Der Magier hatte die Verantwortung auf sich genommen, Onuma zu kurieren. Er platzte mit seiner Diagnose heraus: Onuma war von einem mächtigen Geist besessen. Der Magier hatte aber den Geist noch nicht näher bestimmt, das dazu notwendige Ritual würde noch ein paar Tage länger dauern.
Aber er konnte nicht ahnen, wie gefährdet sein Amt als spiritualistischer Berater von Udemezues Haushalt geworden war.
Es war Oliaku, die ihn, wenn auch unbewußt, absetzte. Sie hatte die Phase des hilflosen Heulens hinter sich und machte sich nun tränenlos mit furchteinflößender Zielstrebigkeit daran, Onumas Genesung zu planen.
Als erstes ging sie nach Obunagu, um die Angelegenheit

mit ihrer Tante, Udemezues Schwester, durchzusprechen. Nachdem Chijioke über ihre anfängliche Aufregung hinaus war, schickte sie nach ihrem besonders geschätzten *dibia,* und dann brachen die drei über Udemezues Gehöft herein.

Die Tante, die voller Verachtung die im *obi* Versammelten ignorierte, begab sich schnurstracks zu Onumas Haus.

»Sie haben sich also gegen dich verschworen, mein Sohn. Mein strahlender Adler. Aber sie werden keinen Erfolg haben. Ich werde darauf achten.«

Onuma blickte die drei, die an seinem Bett standen, verärgert an und sagte nichts.

Chijioke wandte sich an ihren *dibia.* »Sieh dir meinen Jungen an«, sagte sie, »den einzigen, den wir haben, und den wollen sie mir wegnehmen.«

Der *dibia* schüttelte geheimnisvoll den Kopf. »Wir werden sehen«, sagte er. Er war ein wohlgebauter, weibisch aussehender Mann, der sich die Lider mit Antimon gefärbt hatte.

Sie brachte ihn zum *obi.* Und dort kanzelte sie erst einmal die Männer ab. »Kein schlechter Mann wird mir meinen Sohn vernichten. Ich kenne euch Leute aus Aniocha, ich habe keinen Grund, stolz auf euch zu sein.«

»Der Junge ist auf dem Wege der Besserung, Frau«, sagte der Magier ungeduldig.

»Ich weiß, daß er auf dem Wege der Besserung ist, aber nicht dank deiner Hilfe.« Nachdem sie, so wie die Dinge lagen, den Dampf abgelassen hatte, trat sie zurück und begann mit dem Begrüßungsritual. Erst dann stellte sie den *dibia* vor und empfahl ihn.

Udemezue stimmte ihrer Wahl zu. Er kannte den Vater des *dibia.* »Nwafo Udeozo aus Obunagu hat so manches Mal in diesem *obi* hier geschnupft.«

Auch der Magier kannte *dibia* Udeozo, und der kannte den Magier. Keiner von den beiden erkannte den anderen an. Die Feindschaft brach sofort offen aus. Der Magier reichte dem Neuankömmling Palmwein.

»Nein, das ist dein Becher«, sagte der *dibia.*

»Wir sind alle Freunde hier«, erwiderte der Magier aufgebracht.

»Ich weiß, aber das ist dein Becher.«

»Ich sag dir, daß wir hier friedfertige Leute sind. Wir gedenken, niemandem etwas Böses anzutun.« Der Magier machte eine Miene, als wolle er dem *dibia* den Wein ins Gesicht schütten.

»Bei uns ist es aber so Sitte«, beharrte Udeozo eigensinnig.

»Laß nur, Ikenna, trink«, sagte Udemezue.

Der Magier trank, füllte dann den Becher wieder und reichte ihn dem *dibia,* der ihn diesmal annahm.

»Bist du nun beruhigt?« Der Magier starrte seinen Rivalen an.

»Sei nicht beleidigt«, sagte der *dibia* und wischte sich den Schaum von den Lippen. »Es ist nur eine Formsache. Der Palmwein ist stark. Er schmeckt wie der Wein, den wir heute in der Bahnstation getrunken haben.«

»In welcher Bahnstation?« fragte der Magier, der ängstlich um seine Autorität als weitgereister Mann besorgt war.

»In Oboli.«

»Oboli liegt nicht an der Bahnstrecke. Es liegt einen Kilometer abseits.«

»Wer bestreitet das? Ein Kilometer ist noch bei der Bahnstation.«

»Ich habe jahrelang in Oboli gelebt«, machte der Magier geltend, »und es liegt nicht bei der Bahnstation.«

Udemezue unterbrach den Streit der Rivalen, indem er Udeozo fragte, ob er herausbekommen habe, was mit

Onuma los sei. Der *dibia* schüttelte den Kopf auf geheimnisvolle Weise, die besagen sollte, daß er sich natürlich nicht festlegen wolle, aber ... Onuma müsse nach Obunagu geschafft werden, wo er ihn im Auge behalten könne.

Das war ein annehmbarer Vorschlag. Onuma in ein anderes Dorf schaffen hieße, eine von Udemezues Störquellen aus dem Wege räumen und dem Gerede vorbeugen.

Der Magier aber stimmte nicht zu. »Das kommt gar nicht in Frage«, stellte er mit Entschiedenheit fest. »Ihn von seinen Leuten fortzuschaffen verschlimmert die Krankheit noch. Er muß in vertrauter Umgebung bei den Seinen bleiben. Ich sollte das schließlich wissen. Ich hab so viele solcher Fälle in Lagos, Kaura Namoda, Victoria und auch in Kamerun gehabt. Und als ich in Mamfe ...«

Die Beteuerungen des Magiers verärgerten Udemezue und trugen dazu bei, ihn in seinem Entschluß, Onuma fortzuschaffen, zu bestärken, und sei es nur, um den »okkultischen« Doktor in seine Schranken zu verweisen.

»Mein Sohn«, sagte er zu Udeozo und funkelte dabei den Magier boshaft an, »wird dich heute abend begleiten. Chijioke wird schon einen Raum für ihn in ihrem Hause haben.«

Das Problem war nun, wie man Onuma fortschaffen sollte oder ihn überzeugte, daß ein Ortswechsel notwendig sei. Aber es stellte sich heraus, daß es ganz leicht war. Als man ihm sagte, was man mit ihm vorhabe, nickte er gleichgültig. Und so stolperte er an diesem Abend, unter Vorantritt seiner Mutter, des *dibia* und Chijiokes, bekleidet mit Hose und einem zerknitterten Hemd, nach Obunagu. Udemezue blieb zu Hause, um sich um seine Anhänger zu kümmern und sie mit Palmwein zu versorgen.

2

Zwei Wochen später kehrte Onuma heim, um nichts verschlechtert, sah man von einem kahlrasierten Schädel ab, der ihm ein ruiniertes, nichtssagendes Aussehen verlieh. Der *dibia* hatte auf die Rasur als auf einen ersten Schritt zur Heilung bestanden. Vielerlei Medizinen müßten auf den blanken Schädel gebracht werden, sagte er, denn sie könnten das Haar nicht durchdringen. Onuma hatte sich in die Rasur gefügt, oder eher noch: Er hatte kaum Kenntnis davon genommen.

Sie hatten ihn in jenem Stadium überrascht, wo seine geistigen Fähigkeiten durch den Verlust seines hochgeschätzten Besitzes betäubt waren. Als er zwei Tage später entdeckte, was er hatte erdulden müssen, wurde er wütend. Er weigerte sich, auch nur eine der Medizinen des *dibia* hinzunehmen. Sie schmeichelten ihm, der *dibia* drohte ihm, aber er geriet in Rage und vertrieb den *dibia* mit ein paar wohlgezielten Tritten. Danach ließen sie ihn allein. Er blieb zwei Wochen im Haus der Tante, weil er dringend etwas Ruhe brauchte, um die Dinge zu sortieren. Solcherlei Tun – die Suche nach einer Waffenstillstandszeit im Lebenskampf – fand er schließlich nicht lohnend. Was zum Beispiel das weitere Bekleiden einer Stellung und vielleicht auch ein Erholen von den Zeitläufen und Umständen betraf, so erlaubte er ihnen einfach, die Initiative zu ergreifen und ihn zu unterdrücken.

Im Leben wie im Sport kommt es nicht darauf an zu gewinnen, sondern weiterzumachen.

Das Ergebnis dieses zeitweiligen Wegtretens war, daß das Wegtreten bald eine Lebensform wurde. Zwei Wochen nach seiner Heimkehr schien er noch immer nicht in der Lage zu sein, den Aufgaben des Lebens ins Auge zu sehen. Er pflegte tagelang im Bett zu liegen, ununter-

brochen an die Decke zu starren und, sobald ihn irgendwer ansprach, ungehobelt vor sich hin zu murmeln.
Udemezue fragte sich mit der Zeit, ob er geheilt sei, und äußerte seine Bedenken vorwurfsvoll gegenüber dem *dibia*. Udeozo kam nach Aniocha, die Augenlider wunderschön mit Antimon gefärbt, trank Palmwein, starrte Onuma geheimnisvoll an und erklärte ihn für gesund. Als Beweis machte er geltend, daß Onuma dicker aussehe, und Dicksein wäre naturgemäß stets ein Zeichen der Gesundheit.
Tatsächlich hatte Onuma einiges Gewicht zugelegt, aber es war die überfette, wabbelige Art Gewicht, die von fehlender Bewegung herrührt. Es verunzierte in widerlicher Weise seinen wohlgestalten Körper. Seine körperlichen Formen waren allgemein entartet. Mit seinem geschorenen Schädel und einem zwei Wochen alten Bart verlor er alsbald sein angenehmes jugendliches Aussehen. Doch er kümmerte sich nicht mehr darum. Die Fasern seines Daseins wurden eine nach der anderen aufgefressen. Die erste Tugend, die schwand, war seine anerzogene Beziehung zur Reinlichkeit, zur Schönheit und folglich zum Leben. Die meisten seiner teuren Hemden waren in der feuchten Luft verrottet, doch er trug sie noch immer. Ringsum herrschte allgemein eine solche Unsauberkeit, daß man einem klein bißchen mehr keine Beachtung schenken sollte. Es hatte wenig Zweck zu versuchen, sich über die allgemeinen Bedingungen zu erheben. Trotzdem ließ Onuma es zu, daß – wie er es bezeichnete – die Bestialität des Dorflebens ihn in ihren Strudel zog. Wenn er nach Lagos zurückkehrte, würde es ihm leicht möglich sein, eines der zahlreichen losen Enden zu packen, die er in seinem Leben fabriziert hatte.

3

Seine Aufmerksamkeit begann sich wieder Lagos zuzuwenden, er fing an, auf Briefe aus der Hauptstadt zu warten. Mehrmals am Tage pflegte er die kleine, für Aniocha zuständige Poststation aufzusuchen. Der Posthalter, ein schmächtiger, verantwortungsloser Jüngling, antwortete auf seine Fragen stets in einer gehobenen Stimmung, die Onuma reizte. »O ja, diese Briefe aus Lagos. Sie sind noch immer nicht da. Aber natürlich, wenn sie ankommen, werde ich sie dir zustellen. Haha!« Er beehrte Onuma mit einem breiten Grinsen.

Eines Tages ertappte Onuma den Posthalter dabei, daß dieser mit ein paar jungen Freunden auf der Veranda vor dem Postamt herumlungerte. Neben ihm lagen drei einzelne Briefumschläge auf dem Boden.

»Irgendwelche Post für mich?«

»O ja. Ich war gerade dabei, sie runterzubringen.« Der Posthalter hob die Umschläge auf, stäubte sie rasch ab und händigte sie Onuma aus. Dann wandte er sich wieder seiner Unterhaltung zu.

Onuma riß die Briefe an sich und begann sie an Ort und Stelle einen nach dem anderen zu öffnen. Der erste stammte von einer Garage und enthielt eine Rechnung über das Benzin, das er dort im Laufe mehrerer Monate auf Kredit getankt hatte. Der zweite war eine dritte Mahnung – die zweite hatte er nie erhalten – seiner Versicherungsgesellschaft, daß seine Versicherung erloschen sei. Er möge sie doch bitte benachrichtigen, ob er weiter versichert werden wolle. Der dritte Brief war der ernsteste – er kam von seinem Arbeitgeber.

Der Brief war von Mr. Koko geschrieben. Er glich Koko aufs Haar: Er war übertrieben dienstfertig, selbstgerecht und schwülstig. Koko mußte seine Freude beim Schreiben gehabt haben. Der Knalleffekt war, daß Onu-

ma seinen Job verloren hatte. Und dann folgten Gemeinplätze über »Mißbrauch von Vertrauen und Hoffnung«. All das aber erschütterte Onuma nicht so sehr wie der Nachsatz. Offensichtlich hatte sich die Firma – nach einer Durchleuchtung der Seelen und qualvollen Kämpfen – entschieden, den Fall Onuma der Polizei zu übergeben.
Onuma unterschätzte nicht das Ausmaß des Problems, dem er sich gegenübersehen würde, wenn er nach Lagos, seiner Stadt, zurückkehrte. Er mußte einen anderen Job finden, Mr. Karolides überzeugen, sich bei der Polizei rausreden, und das alles ohne die physischen und psychologischen Krücken in Form eines Wagens ...
Die Ungeheuerlichkeit der Aussichten verstärkte noch seinen tiefsitzenden Wunsch, jegliche Aktivität für einige Zeit aufzuschieben.

4

Inzwischen mußte er sogar zu Hause Tag für Tag die nackte Wirklichkeit bäuerlicher Not erleben. Seine finanzielle Situation erreichte ein kritisches Stadium. Den größten Teil des Firmengeldes hatte er ausgegeben, als er Ersatzteile für seinen Wagen kaufte und das Bergungsfahrzeug bezahlte, das nie zum Einsatz kam. Jetzt war er in gefährlicher Nähe des Grundes seiner Geldbörse angelangt.
Das Dorf war der letzte Ort, wo man knapp bei Kasse sein durfte. Dort gab es niemanden, an den man sich wenden konnte. Onuma war wie erschlagen von der Armut der Dorfbewohner. Selbst wenn man alles Geld, das sie in den Händen hatte, auf einmal einsammelte, würden nicht mehr als ein paar Pfund herauskommen. Von seinem Monatsgehalt könnte das ganze Dorf mo-

natelang leben. Und doch schickten sie in ihrer Armut ihre Kinder zur Schule, bezahlten die Steuern und leisteten sich einen *ozo*.

Je mehr sein Geld dahinschwand, um so zahlreicher wurden die Hinweise, daß er schon länger geblieben war als erwünscht: zum Beispiel Begegnungen mit einem gewissen Albino, der die Konzession hatte, in seinem Laden alkoholische Getränke außer Haus zu verkaufen, und bei dem man auch wirklich kaltes Bier bekam. Als er dem Herrn das erstemal begegnete, hatte dieser sich buchstäblich vor Onuma erniedrigt und ihm mit den Worten »einer Persönlichkeit deines Ranges sollte man kein Geld abverlangen« gestattet, das Bier kartonweise auf Kredit zu kaufen. Jetzt, nach seinem Fall, pflegte ihn der Albino prüfend anzusehen und ihn, bevor er ihm etwas verkaufte, zu fragen: »Hast du Geld?«

Tatsache war, daß er die Dorfbewohner reizte und verwirrte. Die Geschichte seines Aufstiegs, Falls und Wahnsinns war allgemeiner Gesprächsstoff in den zehn Gemeinden. Ein paar Leute behaupteten, er sei geheilt. Aber wenn das der Fall war, warum packte er dann nicht seine Sachen und ging nach Lagos zurück? Statt dessen blieb er im Dorf und benahm sich wie ein Prinz aus einer anderen Welt, der sich nach einem zeitweiligen Rückschlag zu gegebener Zeit in seine alte Stellung erheben würde.

Es gab auch Probleme mit seinem Vater. Udemezue hatte mittlerweile Onuma als Totalverlust abgeschrieben und ihn vergessen. Es war die einzige Möglichkeit, den Schmerz seiner größten Panne im Leben zu ertragen.

Aber er konnte sich nicht so ganz mit dem Gedanken abfinden, daß Onuma eine Belastung seiner dürftigen Geldquellen wurde. Eines Tages rief er ihn. Onuma saß

in einem Lehnstuhl und spielte teilnahmslos mit dem Stoffbezug.
»Die Saatzeit ist heran«, sagte Udemezue anzüglich. »Wir brauchen Hilfskräfte.«
»Hilfskräfte?«
»Morgen begibst du dich in aller Frühe mit den Arbeitern auf die Bergfarm.«
»Du meinst also, ich bleibe hier?«
»Aber du bist doch hier.«
»Unmöglich. Sobald ich meine Angelegenheiten in Ordnung gebracht habe, gehe ich nach Lagos zurück. Ich bin drauf und dran, mich hier zu verplempern.«
Udemezue sagte eine Weile nichts und gelangte dann zu der Überzeugung, daß auch er etwas Selbstmitleid gebrauchen konnte.
»Ich weiß nicht, warum so etwas über mein Haus kommen mußte. Irgendwas hat die Augen meiner Vorväter umwölkt.« Er schaute den *ikenga*, ein bedeutendes Mitglied der *lares*, streng an. »Gott verfluche den Geist meiner Väter«, sagte er, schnaufte und ging hinaus.
»Amen«, murmelte Onuma still vor sich hin. »Und Gott verfluche auch den Geist meines Vaters.«
Das Ausmaß von Onumas Verzweiflung war daran zu erkennen, daß er sich an den Magier wandte, den Mann, dem er mit mehr ehrlicher Verachtung begegnete als jedem anderen. Der Magier erweckte den Eindruck, als sei er von der allgemeinen Armut des Dorfes ausgenommen. Natürlich war er kein echter Dorfbewohner, vor seinen Gaunereien war Nigeria von Ost nach West und Nord nach Süd nicht sicher.
Der Magier machte Onuma die Aufgabe durch das zur Schau getragene Gekränktsein noch schwerer. Er gab sich gegenüber Udemezues Familie frostig, seit seine Heildienste zurückgewiesen worden waren. Doch als er sich Onuma angehört hatte, begann er ein wenig aufzu-

tauen. Er umging die Frage des Lohnes, war jedoch großzügig mit seinen Ratschlägen, wie man Geld machen könne. So würden bereits in einem Monat allgemeine Wahlen stattfinden. Und Onuma sollte es doch möglich sein, eine Stellung als Organisationssekretär mit einem ansehnlichen Gehalt zu bekommen. Der Magier behauptete, der Generalsekretär der Partei in den zehn Gemeinden des Distrikts zu sein. Und er ließ durchblicken, daß er die Sache für die vorgesehenen Kandidaten leicht machen könne, wenn man ihn nur richtig behandele. »Überlaß es mir. Ich werde mit meinem Freund, dem Ehrenwerten Häuptling, dem Eze von Isu, sprechen«, sagte er.

Schließlich wies der Magier darauf hin, daß es in Isu einen Geldverleiher gebe, bei dem der Zinsfuß niedrig sei. Onuma nahm das alles ruhig hin. Unter normalen Umständen hätte er mit dieser Demütigung kurzerhand Schluß gemacht, aber seine Gaben, einen Entschluß zu fassen, waren verdorrt. Er war geneigt, jedem Vorschlag zu folgen, solange dieser Kummer ersparte. Zeit, darüber zu urteilen, hatte er, wenn er nach Lagos zurückkehrte, in eine Stadt, deren Pulsschlag er fühlen und verstehen konnte.

Der Magier zögerte anfänglich, runzelte dann die Stirn und erklärte sein Widerstreben. Onumas Vater habe ihn beschäftigt, damit er ihm einen Zauber mache, und obwohl der Zauber wirksam sei, habe er sich geweigert, ihn zu bezahlen. Er hoffe, sagte er, Onuma verstünde das Prinzip, nach dem die Welt funktioniere – nämlich daß niemand arbeite, nur um einem anderen den Bauch zu füllen.

Onuma begriff, worauf der Magier hinauswollte, und versicherte ihm, daß der Zauberdoktor den ihm gebührenden Anteil abbekommen werde, wenn er seinen Lohn erhalte.

»Meine Provision beträgt zehn Prozent«, erklärte der Magier entschlossen.
»Ja, zehn Prozent«, sagte Onuma verächtlich.
Die Verachtung entging dem unempfindlichen Magier. Er eilte nach Isu voraus. Aber offensichtlich gefiel dem Geldverleiher dort Onumas Gesicht nicht. Nach einem heimlichen Gewisper mit dem Magier in dem engen, als Schlafraum dienenden Loch kehrte er zurück und ließ einen Monolog über die Schwierigkeiten des Geldverleihgeschäfts vom Stapel.
Onuma, der plötzlich wütend wurde, prahlte mit der einflußreichen Stellung, die er in Lagos bekleidet habe. Und außerdem: Jedermann wisse, daß er der Sohn von Udemezue Okudo aus Aniocha sei.
»Wie lange warst du in Lagos?« fragte der Mann.
»Fünfzehn Jahre«, antwortete Onuma.
Der Magier und der Geldverleiher wechselten Blicke.
»Nun gut, ich werde darüber nachdenken und dir Bescheid sagen.«
»Wann?« fragte Onuma, schäumend vor Wut.
Der Mann lächelte ausweichend. »Oh, bald, bald.«
Später jedoch wurde Onuma die Bedeutung dieses Lächelns bewußt. Der Magier und sein Freund in Isu glaubten, daß er im Kopf nicht ganz richtig sei.

5

Onuma fühlte sich so niedergeschlagen, daß er ein paar starke Drinks zu sich nehmen mußte. Glücklicherweise fand an diesem Tag das monatliche Tanzvergnügen in Isu statt. Er hatte noch ein paar Kupfermünzen in der Tasche, genug für den Eintritt und ein paar Drinks. Aber der Tanzabend in Isu war unerfreulich. Er glich einer geplatzten Seifenblase, der Glanz war

raus aus der Show. Es war, als kehre man an die Stätte eines prachtvollen Vergnügens zurück und fände sie in einen Fischmarkt oder eine Tankstelle verwandelt.
Die Marktweiber, die sich mühten, ihre üppigen Leiber durch die sich ständig im Kreise bewegende Menge zu schieben, gingen ihm auf die Nerven. Die Kapelle war zu laut. Die Betrunkenen ekelten ihn an. Das gelangweilte Getue der Nutten hatte seine Anziehungskraft verloren. Onuma konnte durch ihre Schminke hindurch die verwüsteten Gesichter darunter sehen.
Er zog zu einer ruhigeren Stätte weiter: einem prunkenden Bordell am anderen Ende der Stadt. Kaum hatte er sich zu einem Glas Bier niedergelassen, als vom Vorgarten her eine fürchterliche Explosion ertönte. Onuma umklammerte seinen Stuhl und wartete. Wenig später kam ein Trupp Polterer in das Freudenhaus gezogen. Sie wurden von einem Riesen angeführt, dessen donnernde Stimme die Explosion bewirkt hatte. Er war noch gut bei Kräften und erschütterte das Gebäude bis in seine Grundfesten. Er war so fett, daß seinem Brustkorb riesige flache Titten entsprossen.
Der Trupp belegte eine lange Bank vor einer Wand mit Beschlag, auf die das Bild eines, wie es schien, weltgewandten Mädchens der besseren Gesellschaft gemalt war, das sich aber in Wirklichkeit als eine unglaublich befangene Bäuerin herausstellte. Der fette Mann verlangte dröhnend nach Trinken und Essen, und aufgeregte Kellner rannten zwischen Bar und Bank hin und her. Er war offensichtlich eine im Bordell wohlbekannte Persönlichkeit.
»Was willst du haben?« brüllte der Fettwanst.
Der Angesprochene sagte, er wolle Ziegenbraten.
»Bedienung, Ziegenbraten!« donnerte der Fettwanst.
Der wurde ihnen in kleinen, runden Schüsseln gebracht.

Der Fettwanst machte sich drüber her, fuhr mit den Händen hinein, stopfte sich mächtige Fleischbrocken in sein riesiges Maul und redete die ganze Zeit. »Hört zu, ich kenne dieses Original schon vierzig Jahre. Erzähl ihnen, wann wir das erstemal nicht mehr voneinander loskamen.«

Eine Person undefinierbaren Alters und Geschlechts wurde auf seinen Schoß gewuchtet. Ein dick mit Rouge belegtes Gesicht, zwei blutunterlaufene, entrüstete Augen, ein graubraunes, ein paarmal zuviel gewaschenes Kleid.

»Sie ist lange genug dabei. Du Dirne!«

Die Lippen der Dirne öffneten sich zu einem freudlosen Lächeln. Sie pikte ihm mit dem Finger in die Titten. Dies war eine Art Antwort, denn der Fettwanst riß sie mit seinem Knie auf und folgte ihr dann zu einem Schuppen hinter dem Gesellschaftsraum. Ein paar Minuten später kehrten sie zurück. Der Fettwanst schien plötzlich all seinen Schwung eingebüßt zu haben. Er schwankte langsam zu seinem Platz und ließ sich müde darauffallen. Um den ironischen Blicken seiner Freunde auszuweichen, fuhr er mit den Händen von neuem in den Ziegenbraten.

Aber die Frau stand drohend über ihm. »*Oga,* was ist nun?« fragte sie mit einer Stimme, deren Ränder vor Ungeduld ausgefranst waren. Der Fettwanst schaute nicht einmal auf.

»Oder willst du, daß ich allen erzähle, wie's war? Du willst, daß ich's der ganzen Welt erzähle? Wenn du dir keine Zeit nimmst, blamier ich dich heute bis auf die Knochen.«

Noch immer kein Wort von dem Fettwanst. Die Wirkung ihrer Worte war zu stark für ihn.

»In Ordnung, wenn du also willst, daß ich's erzähle, dann werd ich's erzählen. Wir haben's zweimal gemacht, und ich kriege zehn Shilli dafür. Wenn du mir nicht in diesem Augenblick mein Geld gibst, werde ich heute hier mein Leben lassen. Du kommst mir heute hier nicht weg. Bevor du gehst, mußt du mich umbringen.« Ihre Stimme steigerte sich zu einem hysterischen Kreischen.

»Iß 'n bißchen Ziegenbraten«, brachte der Fettwanst schließlich hervor. Das war das Äußerste, was er für sie tun konnte. Er hatte seine Kräfte an sie verschwendet, und es schien ungerecht, von ihm zu erwarten, daß er sie zum Schluß noch bezahlte.

»Sisi, iß 'n bißchen Ziegenbraten«, sagte er plötzlich noch einmal, ohne sie anzuschauen.

Sein gleichgültiges Benehmen machte sie wild. Ein paar Minuten lang stand sie hinter ihm und schleuderte ihm absolut nicht druckfähige Schimpfworte an den Kopf. Aber sie hätte genausogut einen Holzklotz anschreien können. Einzig die Begleiter des Fettwanstes, der aufmunternd zu ihrer exotischen Wortwahl brüllte, hörten ihr zu.

Der fette Kerl fuhr fort, sich vollzustopfen, bis seine Platte leer war. Dann erhob er sich ganz unfeierlich und wälzte sich, gefolgt von seinen Freunden, hinaus. Die Frau sprang ihn an, krallte sich an seinem Hemd fest und rief die Welt an, herbeizukommen und zuzusehen, wie sie geschlachtet würde.

»Chef, wenn du der Besitzer dieses Hauses bist, komm her und sieh dir einen Mord an«, kreischte sie.

Der Hausbesitzer tauchte aus dem Nichts auf, wie es schien, und bewunderte eine Weile lächelnd die Szene.

»*Oga* Transport, ist alles in Ordnung?« fragte er ehrerbietig.

Der mit »*oga* Transport« angesprochene Fettwanst antwortete ruhig: »Macht nichts, Chef, sie spielt nur ein bißchen mit mir. Sie möcht's noch mal gemacht haben.«

Mit den wiederkehrenden Kräften kam der Witz zurück.

Schallend lachend trat der Hausbesitzer rasch ein paar Schritte vor, löste die Hände der Frau vom Hemd des Mannes und traktierte sie mit Fußtritten, während der Fettwanst sich in sein Auto fallen ließ, gerade so lange wartete, bis seine Begleiter hineingesprungen waren, und dann geräuschvoll davonbrummte.

Um ihre Beute gebracht, wandte sich die Frau dem Hausbesitzer zu, war aber vernünftig genug, den Mann, von dem ihre unsichere Existenz abhing, nicht zu beleidigen. Sie machte ihrer Leidenschaft durch Treten und gellende Zoten Luft. Aber sie vermochte dieses Niveau der Leidenschaft nicht lange aufrechtzuerhalten. Schließlich sank sie erschöpft auf einen Stuhl, von Zeit zu Zeit wie ein kleiner Vulkan speiend. Zu guter Letzt kehrte sie in den Barraum zurück, übersah geflissentlich die höhnischen Blicke der Kellner und ließ sich neben Onuma nieder, der der einzige Mann zu sein schien, der sie nicht schmähte.

Mehr aus Gewohnheit als aus irgendwelchen anderen Gründen bestellte Onuma ein Glas Bier für sie. Sie sagte nichts, sah ihn aber nachdenklich an.

Er schaute weg. Da war etwas mit ihrer Haut, das er nicht anzublicken vermochte. Es kam in Ausschlägen zum Vorschein – die Haut war von schlechtem Essen, langen Nächten und unzähligen Abtreibungen defekt.

Sie tranken schweigend. Nach einer Weile trat sie ihm unter dem Tisch gegen das Bein.

»Ja, was ist los?« fragte Onuma und drehte den Kopf ein wenig.

»Willst du mich nur kurz oder für die ganze Nacht?«

»Ach, laß.« Onuma zuckte ungeduldig mit den Schultern.

Sie verstand ihn nicht. Er hätte ihr doch kein Bier gekauft, wenn er nicht etwas wollte. Vielleicht hatte er sie nicht richtig verstanden. Sie trat ihm wieder gegen das Bein.

»Ich sagte, ob du mich nur kurz oder für die ganze Nacht willst?«

Jetzt ist es Zeit zu verschwinden, sagte sich Onuma. Er erhob sich, bezahlte die Getränke, murmelte ihr einen Abschiedsgruß zu und marschierte hinaus.

Sie starrte ihm eine Minute lang nach, dann zuckte sie die Schultern. Muß betrunken sein oder krank. Doch er war nett. Schade, daß sie ihn nicht rumgekriegt hatte. Die Leute, die sie ausbeuteten, waren wenigstens Männer. Die anderen, die netten, waren entweder krank oder Frauen.

6

Onuma nahm an der Haltestelle einen schäbigen Bus. Seine Reisegefährten waren Marktweiber aus Nachbarweilern, die nach Isu gekommen waren, um ihre Kassava- und Fischvorräte zu ergänzen. Da es an ordentlichen Transportgelegenheiten fehlte, hatten sie die Fahrt immer wieder aufgeschoben, bis sie schließlich gezwungen waren, diesen qualmenden Bus zu benutzen, der den ganzen Tag mißachtet und untätig herumgestanden hatte. Sie schleppten einen furchterregenden Haufen Ware an, die im Bus zu verstauen den ganzen Einfallsreichtum, aber auch alle Gefühllosigkeit der Verladenden erforderte. Der Fahrer selbst, ein halbnackter junger Mann mit einer verlausten Kappe, hatte seine Freude daran, sich als Sklavenaufseher der Weiber zu geben.

»He! Du da! Verflucht sei dein ...« Es folgten dann gewöhnlich einige Körperteile, die man nicht gedruckt wiedergeben kann. »Das paßt nicht rein. Oder willst du, daß wir alle ersaufen?«

»Es ist doch nur die Kassava, die ich gestern gekauft habe. Wenn du nur wüßtest, was ich dafür bezahlt hab!« schrie die Frau.

»Okay, bring sie hier rüber. Verflucht, hierher! So 'ne blöde Gans hab ich noch nicht erlebt! Nun beweg dich schon, wir wollen schließlich nicht die ganze Nacht hier stehen.«

Die Weiber, mal nervös kreischend, mal aufgeregt lachend, kletterten übereinander hinweg, als sie die Reste ihrer Lasten verstauen wollten.

»Herrje, auf diese Art kommen wir nun heute abend nach Hause.«

»Sag mal, Schwester, was hat denn die Kalabasse gekostet?«

»Hilfe, der Bus fährt ... Nein! Nein! Fahrer, hab Erbarmen!«

Der Fahrer hatte in einem Anfall von Sadismus den Motor wild aufheulen lassen und so getan, als wolle er abfahren. Nachdem er sich genügend an der Aufregung der Weiber ergötzt hatte, sprang er aus dem Bus und trieb sie von neuem an.

Schließlich waren die Lasten irgendwie übereinandergetürmt. Nun mußte sich noch die menschliche Fracht, so gut es ging, hineinzwängen. Onuma fand ein winziges Plätzchen zwischen zwei besorgten Frauen. Eine von ihnen schien das erstemal in ihrem Leben in einem Auto zu fahren. Die ganze Fahrt über kam ihr Mundwerk nicht zum Stillstand. Eine andere beklagte sich, daß sie solche Sorgen mit den anderen Frauen ihres Mannes habe.

»Und weißt du, wenn mein Mann sie nach Bitterkrautsuppe fragt, sagt sie: ›Die ist alle.‹ – ›Wann hast du denn überhaupt welche gehabt?‹ schreit er. ›Ich weiß nicht, aber sie ist alle.‹ Schließlich ist sie wieder nach Hause in

ihr Vaterhaus. Und das letzte, was wir von ihr gehört haben, war der Vorwurf, ich hätte ein *ogwu* in unsere Suppe getan, um die Aufmerksamkeit meines Mannes von ihr auf mich zu lenken.«
»Sie muß verrückt sein.«
»Das sage ich ja auch. In ihrer Familie hat es immer Verrückte gegeben.«
»Oh, wir sind schon durch Isu durch!«, rief die Frau, die das erstemal fuhr. »Wie schnell diese Dinger sind. Eben waren wir noch in Mbamili, und schon sind wir durch Isu durch.«
»Sie behauptet, meine sämtlichen Kinder stammten nicht von meinem Mann. Ich aber antwortete: ›Weib, gehen wir zum *alusi* und lassen unsere Treue erproben . . .‹«
»Du solltest dich nicht mit ihr streiten. Sonst kommt nur was Schlechtes dabei raus.«
Der Schaffner lief hin und her, kletterte über die Haufen menschlicher und nichtmenschlicher Fracht. Auf dem ganzen Weg war er nur in Auseinandersetzungen über das Fahrgeld verwickelt.
»Von Isu bis zu mir nach Hause habe ich immer zwei Pennies bezahlt, mein Sohn.«
»Zwei Pennies! Warum willst du nicht gleich umsonst fahren? Entweder du bezahlst jetzt, oder ich . . .« Er ließ sich nicht näher darüber aus, was er dann zu tun beabsichtige.
Ein paar Frauen bezahlten. Andere bestanden auf einem niedrigeren Fahrpreis und beschwatzten oder verblüfften den Schaffner.
Auf der ersten Tour durch den Bus war der Schaffner so sehr mit den Weibern beschäftigt gewesen, daß Onuma ihm entgangen war. Also war fest damit zu rechnen, daß er ihm auf dem Rückweg auffallen würde. Onuma versenkte die Hand in der Tasche, um das Geld

herauszuholen – aber Katastrophe! Den letzten Penny, den er auf Erden besaß, hatte er ausgegeben, als er der Nutte im Bordell ein Bier kaufte.

Was sollte er tun? Er unterdrückte die Panik, die sich durch alle Nervenbahnen ausbreitete und ihm kleine Schweißperlen auf die Stirn trieb. Er würde den Schaffner bis Aniocha hinhalten und dann bitten müssen, ihn nach Hause gehen zu lassen, damit er sich bei seinem Vater drei Pennies besorgen könne, nein, nicht bei Udemezue, vielleicht bei seiner Mutter. Der Plan war schwach, aber vielleicht klappte es. Oder wie war es damit, überrascht die Taschen abzuklopfen und zu behaupten, das Portemonnaie verloren zu haben?

»Das Fahrgeld bitte! Du da in dem Anzug da, dein Fahrgeld!«

»Ich hab bereits bezahlt«, sagte Onuma lässig.

»Blödsinn! Dein Fahrgeld, aber dalli ... Oder ich schmeiß dich raus, egal, ob du 'nen Anzug trägst oder nicht!«

Die Frauen ringsum sahen Onuma neugierig an. Sie wußten, daß er nicht bezahlt hatte, aber sie dachten nicht daran, es zu verraten. Ihre Sympathien waren nie auf der Seite des Buspersonals.

»Ich habe bezahlt«, beharrte Onuma. Dann zog er eine Wutschau ab. »Dieser Kerl belästigt mich. Wenn ich gewußt hätte, daß sie die alte Karre auf diese Art und Weise betreiben, wäre ich niemals eingestiegen.«

Aber das stellte nur die Qualität des Busses in Frage, und in dem Punkt waren die Besitzer begreiflicherweise empfindlich. »Was ist mit ihm los?« rief der Fahrer, brachte den Bus polternd zum Stehen und kam nach hinten. »Was hat er gesagt?« Er türmte sich bedrohlich über Onuma auf.

»Trägt 'nen Anzug und kann noch nicht mal drei Pennies bezahlen.«

»Er hat irgendwas über den Bus gesagt. Wenn du ihn nicht magst, warum kaufst du dir dann nicht 'n Auto?«
»Ich hab ein Auto«, sagte Onuma.
»Er hat ein Auto!« Der Fahrer und seine zwei Gehilfen brüllten vor Lachen.
»Wenn ihr wüßtet, wen ihr vor euch habt, würdet ihr etwas mehr Respekt zeigen.«
»Er hat ein Auto. Ein Drei-Penny-Auto!«
»Schmeißen wir ihn raus, den Landstreicher. Drei-Penny-Anzug!«
Selbst die Weiber waren hingerissen von dem Widersinn der Situation und stimmten in das Gelächter des Buspersonals ein.
»Rausschmeißen: Hahaha!«
Aber Onuma wollte diese endgültige Demütigung nicht erleiden. Er griff nach dem Gestell, an dem die Sprungfedern befestigt waren, und hielt sich störrisch fest.
»Schmeißen wir ihn raus!« schrie der Fahrer und bot all seine Kräfte auf.
Einer packte ihn an der Kehle, ein anderer riß seine Hände vom Sitz los. Und ein dritter stemmte ihm den riesigen Schädel in den Rücken.
»Eshobay!« rief der Fahrer voll freudigen Entzükkens.
»Eee!« antworteten die anderen.
»Eshobay!«
»Eee!«
Und gemeinsam beförderten sie ihn der Länge nach auf die geteerte Straße. Als der Bus weiterfuhr, spuckte einer der Schaffner auf ihn hinunter.
»Eines schönen Tages werd ich mal in deinem Auto fahren. In deinem Drei-Penny-Auto!«
»Mit dir werde ich schon noch abrechnen«, schrie Onuma und richtete sich unter Schmerzen auf.

»Drei-Penny-Anzug!« Ein gewaltiges Gelächter rollte in die Nacht davon.
Im gleichen Augenblick entwarf Onuma ein Bild von sich selbst, wie er einst gewesen war: ein Prinz in einem Jaguar, dem dieses Sklavenpack in dem Bus da nicht einmal die Schnürsenkel hätte lösen können. Aber diese Vision war nicht geeignet, die Brüschen in seinen Knien zu heilen und den schmerzhaften Dreimeilenmarsch nach Hause abzukürzen.

7

Onuma, der nach einer Waffe suchte, mit der er die Lähmung, in der er sich befand, zu brechen vermochte, überlegte, er könne es ja einmal mit der Religion versuchen. Er war römisch-katholisch erzogen worden, hatte es jedoch bereits in seiner Jugend aufgegeben, sich religiös zu betätigen. Seines Erachtens steuerte das Christentum nichts zu den drei wesentlichen Symbolen bei, denen er sein Leben gewidmet hatte. Es stand nicht für die Schönheit, wie man es von einem Frauenkörper sagen konnte. Es wies nicht auf Macht hin, wie es, sagen wir, Napoleon auf der Höhe seiner Glanzkarriere tat. Es symbolisierte nicht Klugheit, die Meisterung des Lebens dank überlegenen Geisteskräften.
Statt dieser positiven Werte bot es die negativen der Selbstverleugnung und Demut. Die aber standen nicht in Einklang mit seiner Vorstellung von sich selbst. Und sie hatten sicherlich keinen großen Nutzen für seine Leute. Selbstverleugnung war keine sonderliche Errungenschaft, wenn man unter Verhältnissen geboren war, wo sie sich nicht umgehen ließ. Onuma mußte sich immer wieder daran erinnern, daß die elementare Wirklichkeit der in diesem Teil der Welt geborenen Menschen

von drei Wörtern repräsentiert wurde: Armut, Krankheit, Hunger. Eine gleichmütige Haltung war möglicherweise die beste Antwort auf solch ein hartes Leben, aber es würde grausam sein, etwas, was offensichtlich eine schwere Last war, wie eine Tugend aussehen zu lassen. Und wenn Selbstverleugnung bereits für Menschen schwer war, die sie zu jeder Zeit gekannt hatten, so war sie noch schwerer für solche, die, ausgehend von den Wurzeln des Mangels, die Schwelle des guten Lebens erreicht hatten und von den vereinigten Teufeln der Welt zu den hohen Gipfeln der Wünsche geführt worden waren, von wo aus man ihnen die unermeßlichen Möglichkeiten des Lebens zeigte.

Doch wenn er intellektuell vom Christentum weggeführt war, so wurde er emotionell von ihm angezogen. Vor allem in der Zeit seiner Depression. Das Christentum war von Besiegten für Besiegte erfunden worden. Onuma war einer der Enteigneten auf Erden geworden. Und so begann er das Christentum zu mögen. Er entdeckte die Gefühle neu, die mit dem Sonntag verbunden waren, das Gefühl des Wiederbeginns, die Gewohnheit der brüderlichen Kommunion. Er begann seine Hemden wieder zu waschen, meistens am Samstag, um sie am nächsten Tag anziehen zu können. Er fand zwar nichts, womit er sie hätte bügeln können, aber er zog sie eben zerknittert und sauber an. Da sich ihm keine andere Form der Unterhaltung bot, freute er sich auf die wöchentliche Messe. Er fand, er konnte den langen Andachten ohne übermäßige Anstrengung lauschen.

Und selbst die Lieder, die der Schulchor mit brüchigen, ungleichmäßigen Stimmen hinausbrüllte, hatten eine beruhigende Wirkung. Doch als er eines Sonntags zur Kirche kam, fand er die Türen halb verschlossen, und ein unnachgiebiger, verächtlicher Schneider versperrte ihm den Weg.

»Du kommst zu spät«, sagte er scharf.
»Was ist denn schon dabei?« fragte Onuma.
»Was dabei ist? Du wirst eine Geldbuße zu entrichten haben, das ist dabei.«
Eine Anzahl Schulkinder hatte die Lage von weitem beobachtet, ihre wahre Bedeutung ermessen und war nach Hause gejagt. Zwei oder drei Gemeindeälteste rasten hinter ihnen her und schleppten wenig später zwei oder drei wütend um sich tretende Bengel an.
»Wer sagt, daß ich zu spät komme?« wollte Onuma wissen.
Der Schneider nahm davon Abstand, zu solch einer törichten Frage Stellung zu beziehen, ging aber das Wagnis ein, daß Onuma seiner Wut, die er auf ihn hatte, freien Lauf ließ. Plötzlich löste sich ein Hindernis in Onuma, etwas lange in ihm Eingeschlossenes drohte zu platzen. Der Schneider mochte die Ankündigung richtig gedeutet haben, oder er hatte andere Gründe, seinen Sinn zu ändern, jedenfalls zuckte er mit den Schultern und ließ Onuma durch.
Der betrat, innerlich noch immer kochend, die Kirche. Die Spannung dort rührte höchstwahrscheinlich von dem Rätsel um die geschlossenen Türen und die sie bewachenden, die Zuchtrute schwingenden Lehrer her. Während des ganzen Gottesdienstes war die Aufmerksamkeit so manchen besorgten Schülers von den Ruten gebannt gewesen, und das wohl aus gutem Grund. Denn hier wurde eine Inquisition großen Ausmaßes vorbereitet. Viele Wochen lang war der Besuch kirchlicher Zeremonien sehr betrüblich gewesen. Der Katechet und die Lehrer hatten eine Liste der Fehlenden aufgestellt, und dieser Sonntag sollte nun der Tag der Abrechnung sein. Sobald die Messe vorbei und der Priester gegangen war, wurden all die zitternden Angeklagten aufgerufen und in Gruppen aufgeteilt. Dann begannen der Katechet

und die Lehrer, die Jungen zu züchtigen. Bald hallte die Kirche wider von den niedersausenden Knüppeln und dem Schmerzgeheul. Staffeln »guter« Jungen wurden in den Busch geschickt, um dort neue Ruten als Ersatz für die verbrauchten zu schneiden, und die Opfer, die auszubrechen versuchten, wurden entschlossen von Kirchenmitgliedern wieder in die Reihen zurückgeschafft. Schließlich war allen die Strafe zugemessen. Der Fußboden in der Kirche war übersät mit zerbrochenen Gerten. Ein paar halbnackte Bengel tanzten noch vor Schmerz herum.

Der Katechet saß inmitten des »Komitees« der Kirchenältesten; er schwitzte beträchtlich, und sein Atem ging schwer. Die anderen Lehrer, die nicht ganz so erschöpft waren, säuberten die Kirche von den hauptsächlichen Opfern. Aber sie achteten auch darauf, daß die Tür geschlossen blieb, denn der Prozeß gegen die Erwachsenen stand noch bevor. Die Anklagen reichten vom Fernbleiben von der Messe bis zur Vernachlässigung der »österlichen Pflichten«. Eine Vielzahl von Bußen wurden für solche Anklagen erhoben, und die meisten Männer entrichteten sie. Die nicht bezahlen konnten, wurden von einem kräftigen Kirchentrupp heimgesucht, und ihr Eigentum verfiel der Kirche als Pfand, bis sie bezahlt hatten.

Onuma hatte das, was dort vorging, mit einer Mischung aus Schwermut und Ungeduld beobachtet. Nach Schluß der Messe war er aufgestanden, um zu gehen, aber als er sah, daß die Lehrer entschlossen die Tür verriegelten und alle, die zu gehen beabsichtigten, zurückriefen, wartete er seine Zeit ab. Nun, nach den Verhören und den Prügeln, erhob er sich und begab sich zum Haupteingang der Kirche. Ein wütendes Gebrüll verfolgte ihn.

»Onuma, Sohn von Udemezue Okudo, wo willst du hin? Haltet ihn! Soll er uns etwa entgehen?«

Onuma schaute sich um und sah den Schneider wie einen israelitischen Propheten, der Unglück vorhersagt, mitten in der Kirche stehen.

»Laßt ihn nicht fort!« Der Schneider fuchtelte wild in der Art, mit der man den Ruf »Haltet den Dieb« zu begleiten pflegt. Drei junge Leute vertraten Onuma den Weg. Der schätzte die Lage ein und sagte sich, es sei besser, nachzugeben. Folglich ging er zum »Komitee«, um sich seine Anklage anzuhören. Der Katechet, der sich inzwischen von den Anstrengungen erholt hatte, nahm ihn sich vor. Von der Öligkeit, mit der er ihn noch vor einem Monat begrüßt hatte, war nicht mehr viel zu spüren. Sein Gehabe war furchterregend. Die Anklagen lauteten, Onuma sei mehrere Sonntage nicht in der Kirche gewesen und dann habe er der Kirche ein Geschenk im Wert von fünfzig Pfund versprochen, diese Zusage aber nicht gehalten. »Was wir wissen möchten, ist: Wirst du bezahlen oder nicht? Bist du Mitglied dieser Kirche, oder bist du es nicht?« Und warum Onuma keine Anstrengungen unternommen habe, seinen Vater, Udemezue, dieser Kirche zuzuführen?

»Was mein Vater tut, ist seine Angelegenheit. Ich bin für sein Tun nicht verantwortlich.«

Diese Antwort war unbefriedigend. Der triumphierend lächelnde Katechet zitierte Sätze aus der Bibel, um zu beweisen, daß jeder, der seine Angehörigen in Sünde sterben läßt, verdammt ist in alle Ewigkeit.

Das Gericht schien mit dieser Bemerkung zu Ende zu sein, doch der Schneider brüllte los: »Wo sind die fünfzig Pfund, die er uns schuldet?«

»Du wirst deine fünfzig Pfund kriegen und sogar mehr. Sowie ich wieder in Lagos bin. Was sind fünfzig Pfund für mich?«

Diese großspurige Lässigkeit ging der Zuhörerschaft ein wie Öl.

»Niemand zweifelt an der Okudo-Familie«, sagte ein Palmweinzapfer voller Bewunderung aus einem ringsum laut werdenden Gemurmel der Zustimmung heraus.

»Ich zweifele an ihm«, brüllte der Schneider. »Es ist ganz gut und schön, eines Tages hier in einem Auto aufzutauchen. Als ob ein Auto etwas Neues für uns wäre. Der Mann da hat sowenig wie ich. Und doch hat er sich ein Auto gekauft. Jawohl!« Er steigerte sich in seinem Zorn.

»Wenn es der Wagen ist, der dich ärgert, warum kaufst du dir nicht selber einen?« fragte Onuma.

»Gehörte der, den du gefahren hast, dir, oder hattest du ihn ausgeliehen?« schrie der Schneider.

»Du und dein Sohn, ihr könnt euch doch noch nicht mal einen ausleihen.«

»Das mußt du mir sagen!«

Die beiden standen sich Brust an Brust gegenüber, schleuderten sich Beleidigungen an den Kopf und gestikulierten wild, bis sie von der kollektiven Stimme des »Komitees« zum Schweigen gebracht wurden.

Aber der Schneider blieb schließlich Tagessieger. Es wurde beschlossen, daß Onumas Eigentum beschlagnahmt werden sollte, bis er die fünfzig Pfund bezahlt hätte.

»Wenn einer zu meinem Hause kommt, dann schlage ich ihn nieder«, sagte Onuma wütend. Diese Drohung fegte aber lediglich das leise Wohlwollen hinweg, das sein Angebot ihm eingetragen hatte. Die Zahl der entrüsteten, rachsüchtigen Freiwilligen, die bereit waren, sich zu seinem Haus zu begeben und das Pfand einzutreiben, war groß. Onuma ging ihnen voraus. Als sie eintrafen, beobachtete er mit drohender Miene, wie sie das Haus durchstöberten und sein eisernes Bett abdeckten. Sie beabsichtigten, das Bett auseinanderzunehmen und zerlegt wegzutragen. Aber plötzlich entdeckte der Schneider Onumas batteriebetriebenes Rundfunkgerät.

»Das hier genügt«, schrie er aufgeregt, schnappte das Rundfunkgerät und rannte damit hinaus.

»Gib das Radio her«, sagte Onuma und eilte ihm nach. Sie kamen durch das Tor, die anderen Leute aus der Kirche in ihrem Gefolge. Überall tauchten weitere neugierige Beobachter auf.

»Wenn du das Radio nicht wieder hergibst, haue ich dich um«, sagte Onuma, der den Schneider eingeholt und gepackt hatte.

»Versuch's doch!«

Onuma schlug ihn nieder.

Der Schneider benahm sich seltsam. Er lag ganz still da, und seine bissige Miene hatte einem Ausdruck der Bestürzung Platz gemacht.

Von den Umstehenden kamen Rufe der Besorgnis.

»Hat er ihn umgebracht?« wollte eine alte Frau wissen.

»Natürlich hat er das!«

»Platz da!« sagte eine Alte und nahm die Sache in die Hand. Aber als sie sich gerade zum Schneider hinabbeugte, überraschte dieser alle ringsum von neuem. Er erhob sich langsam, schüttelte den Kopf, starrte die Menge wild an, hielt sich das Ohr mit der Hand und begann in Richtung Isu zu rennen.

»Was ist los?« sagte die Frau aufgebracht. »Laß uns deinen Kopf ansehen.«

»Die Polizei wird dich holen«, erklärte der Schneider. Und rannte weiter.

8

Der Polizeiposten in Isu war mit zwei Mann besetzt. Sie verabscheuten es, sonntags zu arbeiten, und waren gewöhnlich gegenüber Leuten aus dem Ort, die Körperverletzungen oder geringfügige Diebstähle melden wollten, kurz angebunden. Der eine der beiden war Sergeant, der andere Gefreiter. Vom Temperament her paßten sie überhaupt nicht zusammen, und es war schon eine Spur Bosheit ihres Vorgesetzten im Spiel gewesen, als er sie in eine Wache einteilte. Der Sergeant war ein betrunkener Tyrann, der nicht darüber erhaben war, seine Untergebenen zu ohrfeigen, wenn ihm der Sinn danach stand. Der Gefreite wiederum war ein hartnäckiger Jüngling, der jeden Befehl in Frage stellte, egal, wie nüchtern derjenige war, der ihn erteilt hatte. Aber an diesem Sonntagnachmittag führte ein beiderseitiges Gefühl der Langeweile sie zusammen. Der Sergeant hatte den Gefreiten in den nahen Laden an der Straße geschickt, wo er *garri* und Stockfisch kaufen sollte. Den tauchten sie dann in Wasser und tranken dieses mit offensichtlichem Wohlbehagen. In diesem Augenblick stürzte der Schneider, erschöpft und sich in seiner Wut widersprechend, herein.

»Ich möchte eine Körperverletzung melden. Körperverletzung und Mißhandlung!«

Der Sergeant blickte auf und runzelte die Stirn. »Warte gefälligst«, sagte er.

»Er hat mich beinah umgebracht. Ich werd ihm zeigen, aus war für Holz ich geschnitzt bin«, jammerte er.

»Bist du in eine Schlägerei verwickelt gewesen?« fragte der Gefreite mit schwacher Neugier.

»Er hat mich beinah umgebracht«, kreischte der Schneider.

»Ist das etwa ein Grund, uns unsern *garri* nicht austrin-

ken zu lassen?« brüllte der Sergeant. »Nun setz dich endlich auf die Bank da, oder ich loch dich ein. Körperverletzung und Mißhandlung! Schade nur, daß sie dir nicht den Kopf abgehauen haben.«
Der Schneider schlich sich zu einer Sitzgelegenheit und stützte den Kopf in einer übertriebenen Schmerzensgeste mit der Hand.
Die beiden Polizisten fuhren in aller Ruhe mit ihrer Mahlzeit fort.
Schließlich blickte der Sergeant, satt und ein wenig freundlicher, auf, wischte sich die Lippen mit der Hand ab und fragte den Schneider: »Also, was ist los mit dir?«
»Er hat mich beinah umgebracht«, kreischte der Schneider wieder.
»Hat dein Freund einen Namen?« schrie der Sergeant, dessen gute Laune sich abermals trübte, ihn an.
»Der Sohn von Udemezue Okudo aus Aniocha.«
»Oh, du kommst aus Aniocha?«
»Ja ... Aber zum Glück bin ich nicht umgebracht worden.«
»Ein Glück. Was heißt hier umgebracht? Erzähl uns die Geschichte. Fang ganz am Anfang an.« Der Sergeant machte eine bedrohliche Geste.
»In Ordnung«, sagte der Schneider. »Es war die Kirche, die uns ausgesandt hatte, seine Sachen zu holen. Sie müssen wissen, er hatte bei uns Schulden.« Der Schneider erstattete einen langen, vollständigen Bericht über die kirchlichen Methoden beim Eintreiben von Bußen.
»Ja, ja, das wissen wir alles«, sagte der Sergeant. Er hatte gar nicht zugehört. Im war gerade eingefallen, daß er diese Arbeit genausogut seinem Untergebenen übertragen konnte. Also sagte er verdrießlich: »Ich versteh nicht, worauf dieser Dummkopf hinaus will – Gefreiter, übernimm du den Mann.«

Aber der Gefreite wollte nicht. »Mein Dienst ist vorbei.« Er schaute auf die Uhr. »Es ist eben zwölf. Ich sollte jetzt eigentlich abgelöst werden.«
»Aber deine Ablösung ist noch nicht da. Also mach weiter, bis sie kommt.«
»Ich bin nicht dafür verantwortlich, wenn meine Ablösung nicht kommt.«
»Du wirst die Aussage dieses Mannes aufnehmen, Gefreiter!«
»Das werde ich nicht tun, Herr Sergeant.«
»Gefreiter, das ist ein Befehl!«
»Es ist kein Befehl. Mein Dienst ist vorbei, und in meiner Freizeit hat mir niemand was zu befehlen.«
»Nun gut. Ich werde darüber Meldung machen«, sagte der Sergeant. Er holte einen Bleistift hinter dem Ohr hervor und begann aufgebracht etwas auf ein Stück Papier zu kritzeln. Nach einer Weile blickte er auf, um zu sehen, ob das den gewünschten Erfolg gehabt habe. Das war nicht der Fall. Er steckte den Bleistift wieder hinters Ohr, nahm ein Notizbuch und stampfte hinaus.
Der Gefreite wandte sich verärgert dem Schneider zu: »Bist du in eine Schlägerei verwickelt gewesen?«
Der Schneider wiederholte, daß der Sohn von Udemezue Okudo ihn niedergeschlagen habe.
»Er ist auf dich zugekommen und hat dich einfach so niedergeschlagen?«
Der Schneider erzählte seine Geschichte abermals.
»Ich verstehe«, sagte der Gefreite. »Du bist an einer Schlägerei beteiligt gewesen.« Er trug plötzlich und schnell etwas in sein Notizbuch ein und ließ den Schneider seinen Daumenabdruck daruntersetzen. Dann dachte er einen Augenblick lang nach. »Wo, sagtest du, wohnt dieser Angreifer?«
»Der Sohn von Udemezue Okudo aus Aniocha.«
Der Gefreite überlegte wieder. Wenn er den Fall, wie

von ihm verlangt, übernahm, würde er fünf Meilen über Land zu fahren haben, und noch dazu in seiner Freizeit. Nein, er würde warten und den Fall seiner Ablösung übergeben. Aber die Ablösung erschien nicht. Endlich, nach einer Stunde, entschloß er sich, ihr einen Zettel mit einer »Erklärung« zu hinterlassen.

Den Schneider sperrte er in eine kleine Zelle gleich neben der Polizeistation ein. Gerade als er gehen wollte, kam die Ablösung und erging sich in übermäßigen Entschuldigungen, doch der Gefreite war zu sehr darauf bedacht, wegzukommen, als daß er sich für eine Rüge Zeit genommen hätte.

»Ein Fall von Schlägerei«, sagte er. »Die eine Partei sitzt in der Zelle. Du mußt los, um die andere zu verhaften.«

»Okedoky.« Aber als der neue Polizist die Notiz las, war er der Ansicht, daß der Gefreite, der die Arbeit angefangen hatte, sie auch zu Ende führen sollte. Der Fall konnte bis zum nächsten Morgen warten. Es würde dem Eingesperrten gar nichts schaden, wenn er einen Tag Zeit zum Abkühlen hatte.

Wenig später schaute der Sergeant herein, nun durchaus freundlich gelaunt; er hatte in der örtlichen Kneipe einen Kleinen zu sich genommen. »Alles in Ordnung, Konstabler?«

»Jawohl, Herr Sergeant. Ein Fall von Schlägerei. Wir haben uns drum gekümmert.«

»Sehr gut . . . Ich bin bald wieder da.«

»Jawohl, Herr Sergeant.«

Am nächsten Morgen erschien der widerspenstige Gefreite, durch Zivilkleider getarnt, in Aniocha und fragte nach dem Weg zu einem gewissen Häuptling Udemezue Okudo. Die auf der *ogwe* sitzenden Bauern brachten die Frage sogleich mit dem Vorfall vom vergangenen Tag in Verbindung, der selbstverständlich allgemein bekannt geworden war. Sie erkannten den Polizisten als das, was er war, und behandelten ihn entsprechend dem Dorfkodex, wonach Vertreter des Gesetzes in die Irre zu führen und grundsätzlich daran zu hindern sind, Leute zu fassen.

»Udemezue Okudo?« sagte einer aus der Menge. »Den gibt es in diesem Ort nicht.«

»Ich glaube, in Obunagu kommt dieser Name vor«, ergänzte ein anderer hilfsbereit. »Sein ältester Sohn hat ein dreistöckiges Haus.«

Der Gefreite begriff, daß er bei diesen Leuten keine Informationen sammeln konnte, und zog still weiter. Schließlich führte ihn ein argloser Farmarbeiter zu Udemezues Haus.

Udemezue war allein daheim. Der Gefreite erkannte sofort, daß er es mit einem einflußreichen Mann zu tun hatte, und ging vorsichtig vor. Was ihn betraf, so war eine nützliche Rechtfertigung alles, was er wollte, um den Fall nicht weiter verfolgen zu müssen. Dementsprechend befleißigte er sich einiger Entschuldigungen und Umschweife, als er sich Udemezue erklärte.

Aber zu seiner Überraschung schien der Alte alles über den Fall zu wissen und zu einer eigenen Schlußfolgerung gelangt zu sein. Jedenfalls rief er, sobald der Polizist geendet hatte, laut nach Onuma. Und als der das *obi* betrat, übergab ihn Udemezue mit einer Geste des Überlassens dem Polizisten.

Onuma erkannte den Gefreiten. Es war jener Herr, dem er gemeldet hatte, daß der Jaguar ausgeschlachtet worden war. Seit damals war er dreimal in der Polizeistation gewesen, und jedesmal hatte man ihm erklärt: »Der verantwortliche Gefreite ist heute nicht da.« Nun, da er ihn wiedertraf, zog ihn Onuma wegen seiner merkwürdigen Abwesenheit auf.

Der Gefreite verlor die Ruhe und wurde ärgerlich. Er

war hier, um anzuklagen, und nicht, um angeklagt zu werden. Onumas Direktheit schüchterte ihn ein, und nach vielen Wenn und Aber sagte er ohne große Überzeugungskraft: »Wir sind hinter dem Dieb oder dem Verdächtigen her. Ich glaube, sein Name ist Chuks. Man hat uns gesagt, daß er nach dem Norden ist, aber laß man, wir werden ihn noch kriegen.«
Schöne Aussichten, dachte Onuma.
Der Gefreite fühlte sich einem Mann in seinem Alter gegenüber, der möglicherweise auch die gleichen geistigen Ansichten hatte, wesentlich ungezwungener. Er nahm Onuma zur Seite und sagte mit professioneller Munterkeit: »Du wirst auf der Polizeistation benötigt. Du warst in eine Schlägerei verwickelt.«
Onuma war leicht erschüttert, und der Polizist, der das sah, nutzte seinen Vorteil. »Die andere Partei ist eingelocht.« Er machte eine Pause und wartete Onumas nächsten Schritt ab. Doch dessen Reaktion war, auf den Schneider zu fluchen und sich selbst zu entlasten.
»Nun gut, das beste ist, du kommst mit mir zur Polizeistation.«
Onuma wurde im Grunde genommen vor den Augen von ganz Aniocha abgeführt.
In der Polizeistation erstattete der Gefreite dem Sergeanten Bericht. »Ein Fall von Schlägerei, Herr Sergeant. Dies ist die andere Partei.«
»Einsperren, Gefreiter.«
»Das wollte ich gerade, Herr Sergeant.« Der Gefreite hate Onuma eine letzte Chance geboten, sich freizukaufen. Als es den Anschein hatte, daß der nicht in der Lage war, es zu begreifen, verlor der Polizist die Geduld und lochte ihn ohne weiteres ein.

9

Der Fall kam in Isu vor das Patrimonialgericht, das sich aus den Familienoberhäuptern der benachbarten Gemeinden sowie einem Vorsitzenden zusammensetzte. Der Letztgenannte war ein Riese von Mann, der eine königliche Robe und eine Rauschgoldkrone trug. Er nannte sich selbst Eze – König also – von Isu und hatte sich eine Menge königlicher Zeremonien vielerlei Herkunft zugelegt. Er erfreute sich in den zehn Gemeinden großer Autorität, die sich auf die schlaue Beherrschung einer Vielzahl politischer Fäden gründete. Er war einer der ersten, die den möglichen Nutzen einer Verbindung zwischen Politikern und natürlicher oder auch selbstgeschaffener Königswürde sahen. Also erklärte er sich zum König und entwarf königliche Gewänder.
Und als mit dem ersten Tag der Unabhängigkeit die ministerielle Verwaltung im Lande eingeführt wurde, gewann der Eze einen Platz im Kabinett. Damit erhöhte er nicht nur seine persönliche Position, sondern er verschaffte auch den zehn Gemeinden Glanz, indem er ihnen einen stellvertretenden Anteil an dem Zauber und dem Profit der Macht zukommen ließ. Von nun an konnte er im Distrikt nach Belieben schalten und walten; er war nicht nur der Eze von Isu, sondern aller Gemeinden des Distrikts. Er konnte in einer willfährigen Gemeinde ein Postamt bauen und es einer ihm feindlich gesinnten wegnehmen. Andere Politiker, die sich gegen ihn stellten, schwebten in ständiger Gefahr, was sie allerdings nicht hinderte, es zu versuchen.
Der Vorsitz im Patrimonialgericht war eine seiner zahlreichen Nebenbeschäftigungen. Gewöhnlich kam er spät, hinter sich ein Gefolge, das die Zeichen seiner Würde trug. Er ließ sich auf einem Ersatzthron in klugem Schweigen nieder, dieweil die anderen Mitglieder des

Gremiums die Fragen stellten und die Beweise vortrugen.
Als Onumas Fall endlich an die Reihe kam, wußten auch die anderen Richter wenig zu sagen; die Behandlung des Falles wurde ganz dem Gefreiten überlassen. Der behauptete, daß es sich um einen Fall von Schlägerei handele.
»Es war keine Schlägerei«, sagte Onuma.
»Still«, sagte einer der Richter. »Meinst du, du weißt mehr als der Polizist?«
Der Gefreite bestätigte, daß es sich um einen Fall von Schlägerei handele.
»Ist das alles?« fragte der Eze und wandte sich von dem Diener ab, der einen Federfächer über ihm bewegt hatte.
»Das war alles.«
Nun, was hatten die Burschen noch zu sagen, bevor er sie ins Gefängnis schickte?
Der Schneider führte den alten Brauch an, wonach die Kirche Abgaben bei ihren Mitgliedern eintreibe. Das war an den Eze gerichtet. Der Schneider wußte, daß der »König« viel Aufhebens um seine Beziehung zur Kirche machte und bei vielen Gelegenheiten den Missionen verständnisvolle Zuwendungen hatte zukommen lassen. Und es war möglich, daß diese Tatsache seine Entscheidung beeinflußte, denn der Schneider kam mit einer Fünfpfundbuße davon, während Onuma für zwei Monate ins Gefängnis geschickt wurde.
Aber gerade als die beiden Angeklagten fortgeschafft werden sollten, äußerte einer der Richter nachträglich einen Hintergedanken: »Ist er nicht der Sohn von Udemezue Okudo?«
»Wer?« fragte der Eze scharf.
»Der junge Mann.«
»Udemezue Okudo aus Aniocha?« fragte der Eze. Er

richtete einen konzentrierten, nachdenklichen Blick auf den Sprecher.
»Ruhe! Ruhe!« brüllte der Polizist in Erwartung einer Erklärung des großen Herrn.
»Konstabler, ruf diese Burschen zurück.«
Onuma und der Schneider wurden auf die Anklagebank zurückgeführt.
»Du bist der Sohn von Udemezue Okudo aus Aniocha?« fragte der Eze mit ernster Miene.
Onuma bestätigte, daß er es sei.
»Und was meinst du wohl, was dein Vater empfindet, wenn ich dich ins Gefängnis schicke?«
Onuma wußte wohl, was sein Vater empfinden würde, hielt es jedoch für klug zu schweigen.
»Ich hätte nicht übel Lust, deine Strafe zu verdoppeln, um ein Exempel zu statuieren. Ihr jungen Leute habt weder vor dem Gesetz noch vor euch selbst Respekt.«
Der Eze hielt eine lange Moralpredigt über die Fehler und Schwächen der Jugend und endete: »... aber in Anbetracht der Tatsache, daß du der Sohn eines angesehenen Ältesten bist, sollte ich eigentlich ...« Er vollendete die Drohung nicht.
»Schafft ihn mir aus den Augen.«
Einer der Gehilfen begriff, was von ihm verlangt wurde. Er führte Onuma hinaus und ließ ihn frei.
»Und du«, sagte der Eze ernst zu dem Schneider, »hast du deine Buße bezahlt?«
»Ich hab im Dienste der Kirche gestanden, mein Herr«, schrie der Schneider.
»Nun, so geh und bezahl deine Strafe und laß dich vor meinem Gericht nie wieder blicken. Marsch, raus mit dir.«
Der Schneider wurde von einem Polizisten gepackt und drei Monate eingelocht, bis sich jemand seiner erinnerte.

Als sich Onuma auf den Heimweg machte, wurde er von einem traurig blickenden Individuum angeredet.
»Bist du der Bursche?« erkundigte sich dieser.
»Welcher?« fragte Onuma argwöhnisch. Er hatte keine Lust, Rätsel zu lösen.
Sein Gesprächspartner machte eine Geste, die »Was geht mich das an?« bedeutete, und sagte: »Du tätest gut daran, zum Eze zu kommen.«
Onuma, der schnell begriff, folgte ihm zu einem Haus neben dem Gericht, in dem die Richter ihre Zimmer zu haben pflegten.
Der Eze saß, von einer Vielzahl Prozessierender umgeben, in Gala da. Im Augenblick hörte er gerade einen von ihnen, einen Farmbesitzer aus Isu, geduldig an.
»Euer Ehren haben gesagt, daß sie mir zurückgegeben werden muß, aber ist sie etwa gekommen? Und ihre Leute wollten mir den Brautpreis nicht geben.«
»Geh zu ihnen und teile ihnen mit, daß ich gesagt habe, sie solle zu dir zurückkehren.«
»Wir sind schon ein paarmal dagewesen, aber sie hören uns gar nicht erst an.«
»Teile ihnen mit, ich hätte es gesagt.«
»Ja, Euer Ehren.«
»Schafft ihn fort!« befahl der Eze zwei Männern, die zu seiner Seite standen, mit einer Handbewegung. Der Farmbesitzer, der in höchsten Tönen protestierte, wurde weggeschleppt.
Dann blickte der Eze Onuma einen Moment lang an und wandte sich rasch ab.
»Dies ist der Mann«, sagte Onumas Begleiter zum Eze.
Der Eze schaute gar nicht erst auf, sondern hieß sie mit einer Handbewegung gehen. »Verschwindet und beredet es untereinander«, sagte er.
Als sie wieder draußen standen, sprach der andere: »Du

solltest dich zum Hof des Eze in Isu begeben. Du kennst doch den Hof des Eze in Isu?«
»Ja, aber was soll das Ganze?«
»Du sollst nur hinkommen, das ist alles.« Und er schritt traurig davon.

Als Onuma nach Hause zurückkehrte, konnte er seine Wut nur mühsam unterdrücken. Und der kühle Blick, mit dem sein Vater ihn bedachte, reizte ihn nur noch mehr.
»Ich hätte ins Gefängnis kommen können, und niemand hätte einen Finger gerührt. Das ist unmenschlich.«
»Die ganze Stadt redet darüber«, sagte Udemezue voller Bitterkeit. »Der Sohn vom Okudo-Hof wie ein gewöhnlicher Dieb eingesperrt! Ich hätte nie gedacht, daß ich das erleben müßte.«
»Und was ist mit mir? Meinst du, mir machte es Spaß, eingesperrt zu werden?«
»Vielleicht solltest du wirklich von hier verschwinden. Wohin ist ganz egal, sofern du nur überhaupt verschwindest.«
»Eines Tages gehe ich wieder nach Lagos. Wart's nur ab.«
Udemezue rümpfte die Nase und verfiel wieder in seine ernste Geduldspose.

10

Da die allgemeinen Wahlen bevorstanden, drehte sich vieles um die Politik, und wie der Magier schon angedeutet hatte, bot sich Onuma durchaus ein Weg, sein Glück zu neuem Leben zu erwecken. Als Mittel, das einem Zugang zu Reichtum und Wohlstand verschafft, bot politische Aktivität Aussichten sondergleichen für sofortigen Erfolg. Mehr als auf jedem anderen Gebiet konnte man in der Politik heute ein armer Schlucker und morgen ein fetter Industrieboß sein. Um von neuem als vollwertiger Mensch tätig sein zu können, meinte Onuma jenes hohe Prestige wiedererlangen zu müssen, das ihm einst der Jaguar gewährt hatte. Um weniger lohnte es gar nicht zu kämpfen. Tatsächlich lag hier der Hauptgrund für seine Passivität und Lethargie. Er würde viel lieber durch den Schmutz und die Armut des Dorfes hindurchjagen, als seine Kräfte im Kampf um etwas zu verbrauchen, was minderwertiger als ein Jaguar war. Aber wenn er nun in die Politik einstieg? Vielleicht stellte sich heraus, daß sie ihm mit seinen Talenten auf den Leib geschneidert war? Also bereitete er sich auf die Begegnung mit dem Eze vor. Ihm war völlig klar, weshalb der alte Scharlatan kandidierte, aber seine Lage war nun einmal verzweifelt, und über die Phase, wo man sich vor den Methoden ekelt, war er hinaus.

11

Daheim schien der Eze die sphinxähnliche Schweigsamkeit, die er der Welt gegenüber zur Schau trug, abgelegt zu haben. Bekleidet mit einem abgetragenen ärmellosen Hemd und einem Morgenrock, saß er auf einem langen Sofa. Diener brachten ihm nacheinander die verschiedenartigsten Schüsseln. Er kostete aus jeder und schob sie dann weiter. Dabei sprach er die ganze Zeit. Aber wie er auch gelaunt sein mochte, sein massiges Gesicht blieb ausdruckslos.

Sein »Palast« war eine glückliche Mischung aus zwei Bautraditionen, die man in den zehn Gemeinden kannte. Zum einen war da eine lange, große Halle, die einem *obi* glich. Sie hatte eine geschnitzte Wandtäfelung und an ihrem Ende ein erhöhtes Gebilde, auf dem die *lares* standen. Zum anderen waren da eine Anzahl von Wohn- und Schlafräumen ringsum. Das Ganze war mit Wellblech gedeckt.

Als Onuma seine Aufwartung machen ging, wurde er von dem Eze gnädig willkommen geheißen.

»Du bist der Sohn von Udemezue Okudo? Wir sind zusammen aufgewachsen, denn als ich jung war, wohnte ich in Aniocha.«

Die anderen Männer aus Isu, die ringsum saßen, kannten Udemezue, so daß es zu einer allgemeinen Unterhaltung über seine Jungenstreiche kam.

»Geh zu meinem Sekretär Kabu-Kabu. Er wird dir alles auseinandersetzen.« Der Eze wies auf einen der angrenzenden Räume.

Kabu-Kabu, der Sekretär, war niemand anderes als das traurige Individuum, das Onuma am Tag zuvor angesprochen hatte. Er saß hinter einem großen Tisch und hatte den Kopf in einem Stapel Rechnungen vergraben. Neben ihm stand ein Junge, der sich immer wieder einer an eine Holztafel gehefteten Liste zuwandte. Der Junge las laut etwas von der Liste vor, meistens Namen aus den zehn Gemeinden, und der Sekretär machte Eintragungen in einem Buch.

»Uruoji: fünfzig Älteste zu je fünf Shilling, das macht zwölf Pfund zehn Shilling ... Obunagu: hundert Älteste, fünfundzwanzig Pfund ... Mbamili ... Aniocha ...«

»Das reicht ... Was ist mit dem Geld für die Polizei und die Richter ...«

»Polizei«, las der Junge vor. »Ein Inspektor erhält fünf Pfund, Sergeanten bekommen ein Pfund, einfache Konstabler zehn Shilling.«

»Zu viel«, sagte der Sekretär mit Nachdruck. »Was haben sie schließlich bei den letzten Wahlen anderes getan als herumgestanden und Leute, die gegen uns sind,

wählen lassen? Und unsere eigenen Wähler konnten nicht mehr als zwei- oder dreimal hinein, um ihre Stimme abzugeben. Geld, das die Polizei bekommt, ist verschwendetes Geld. Kürze ihre Zuwendung auf fünf Shilling.«
»Ja, Herr. Drei Inspektoren, zehn Sergeanten, zwanzig Konstabler...«
»Und die Richter?«
»Richter? Ich finde sie hier nicht aufgeführt...«
»Guck weiter unten nach.«
»O ja, Richter zu je zehn Shilling...«
Sie schienen so sehr in ihre Beschäftigung versunken zu sein, daß sie Onumas Anwesenheit gar nicht bemerkten. Aber da blickte der Sekretär auf, winkte Onuma zu, doch Platz zu nehmen, und fuhr mit seiner Arbeit fort.
»Was wird an Marihuana bewilligt, Junge?«
»Für jeden Leibwächter eine Unze pro Tag. Fünfundzwanzig haben wir.«
»Da geht ja ein Vermögen allein für Marihuana drauf«, klagte Kabu-Kabu und schrieb die Zahl in sein Buch. Er schaute wieder auf und schenkte Onuma einen unpersönlichen, verträumten Blick...
»Was sagen sie, hast du in Lagos gemacht?«
»Ich war Direktor für Öffentlichkeitsarbeit.«
»Wir wissen alles über dich.« Er fuhr fort, einen anschaulichen Bericht von Onumas Laufbahn zu geben. »Und nun bist du ohne Job. Und deshalb beschäftigen wir dich bei den Wahlen.« Er lächelte nur mit den Zähnen.
Onuma wunderte sich, woher Kabu-Kabu die ganzen Informationen hatte. Der Kerl war ein Hochstapler, aber man konnte nicht umhin, von einer in ihm steckenden knorrigen, dauerhaften Qualität beeindruckt zu sein. Es war leicht zu erkennen, daß seine Trauermiene Strenge, ja sogar Unbarmherzigkeit verbarg. Da er es

als gegeben ansah, daß Onuma sein Angebot annahm, fragte er plötzlich: »Rauchst du?«
Onuma verstand natürlich, daß es sich bei dem Rauch, um den es ging, nicht um Tabak handelte. Er schüttelte den Kopf.
»Das heißt, daß wir jeden Tag eine Unze Stoff sparen«, sagte Kabu-Kabu beinahe bedauernd. Er vergrub seinen Kopf abermals in den Büchern. Schließlich sagte er: »Du wirst jeden zweiten Tag herkommen und dir deine Anweisungen holen. Inzwischen kannst du durch die zehn Gemeinden fahren und die Ohren offenhalten. Ein Fahrrad wird dir zur Verfügung gestellt werden und später vielleicht ...« Er beendete den Satz nicht, doch Onuma erriet, was ungesagt geblieben war: »Ein Wagen.« Kabu-Kabu würde nicht so schnell eine Verpflichtung eingehen. Onuma würde auch ein Gehalt bekommen, und der Sekretär nannte eine Zahl, die angesichts der bitteren Not Onumas durchaus attraktiv war.
»Ich werde dir nun ein Fahrrad geben«, sagte Kabu-Kabu und erhob sich müde.
Als sie hinausgingen, rief der Eze: »Seid ihr beiden euch einig geworden?«
»Wir sind dabei«, sagte Kabu-Kabu in jammerndem Ton.
»Wirklich? Und du, junger Mann, sag Udemezue, es ist lange her, daß ich bei ihm das letztemal Palmwein getrunken habe.«
»Ja, Herr«, antwortete Onuma.
»Das ist gut.«
Kabu-Kabu nahm ihn mit zu einem Schuppen, wo sie aus einem Dutzend blitzender Modelle, die an der Wand standen, ein Raleigh-Rad aussuchten. Der Sekretär notierte sorgfältig die Rahmennummer, übergab Onuma das Rad und machte mit einstudierter Lässigkeit kehrt.

Onuma hatte das Gefühl, wieder tätig zu sein, selbst wenn es nur die Öffentlichkeitsarbeit – oder, entsprechend dem politischen Euphemismus der Nigerianer, die Tätigkeit eines »Propagandasekretärs« – für einen Hochstapler war.

12

Der Magier war der erste, der Onuma zu seinem neuen Job gratulierte. Es war die Hauptquelle seiner Macht, daß er so vieles zu wissen schien, bevor es geschah. »Du mußt der Partei beitreten«, sagte er.

»Aber ich bin doch Mitglied der Partei«, antwortete Onuma.

»Als du in Lagos warst? Das ist was ganz andres. Du mußt dich hier bei uns noch mal einschreiben lassen. Einen Parteiausweis kriegen.« Aus der Art, wie der Magier das sagte, wurde klar, daß es sehr von seinem Wohlwollen abhing, ob man diesen Ausweis bekam. Seine Aktivitäten in den nächsten paar Tagen erweckten zweifellos den Eindruck, daß er der Dreh- und Angelpunkt des politischen Lebens in Aniocha war. Zwei Jahre zuvor hatte er es verstanden, unter der Hand den Posten eines ehrenamtlichen Gongschlägers zu bekommen. Und nun benutzte er den Gong, um seinen politischen Einfluß zu fördern. Am Abend marschierte er durch den Ort, um zu verkünden, daß am nächsten Tag eine Versammlung »der Partei« in der Gemeindehalle stattfinden werde.

»Die Partei« war, natürlich, die Nigerianische Volksunion. Es wurde als selbstverständlich angesehen, daß jedermann das wußte. Sie war die einzige bestehende Partei. Niemand wagte, eine neue Partei zu gründen. In Opposition zur Partei zu stehen hieß, einen Mangel an

Vertrauen in die Bestimmung der Rasse zum Ausdruck bringen.
Die Möglichkeit, im Heimatort in der Partei überschattet zu werden, war dem Magier nicht entgangen. An jenem Abend, als sich die Ortsgruppe der NVU in der Gemeindehalle versammelte, tat er alles, um Onuma zu isolieren. Er schenkte ihm nicht die Spur seines eingeübten Lächelns. Sooft sich ihre Wege kreuzten, gab er sich kurz angebunden und feindselig. Die anderen Mitglieder der Ortsgruppe waren ein schwerfälliger Maurer, von dem es hieß, er habe einst in Kamerun gearbeitet, ein Mr. Augustine – das »Mister« als Zeichen überlegener Geistesgaben –, der es vom Gefängniswärter zum Medizinmann gebracht hatte, und der Albino, der den Laden betrieb, in dem Alkohol außer Haus verkauft wurde. Diese drei und der Magier hatten insofern etwas gemein, als sie einmal oder öfter der Welt draußen ausgesetzt gewesen waren und somit ein Bindeglied zwischen Aniocha und der Zivilisation darstellten.
Nachdem der Magier Onuma lange genug grimmig angeblickt hatte, stellte er die Frage nach Zeichnung eines Geldbetrages, der sowohl als Beitrittsgebühr wie auch als Sicherheit für dauerhafte Mitgliedschaft dienen sollte.
»Wie viele haben denn hier ihre Beitrittsgebühr bezahlt?«
Der Albino stieß den Maurer in die Seite. »Los, Mann, sprich. Du bist der Schatzmeister.«
Der Maurer schnupfte gelassen und schaute voller Widerwillen auf. »Was ist los?« fragte er und warf dem Albino einen verstohlenen Blick zu.
»Lies uns die Namen derer vor, die sich uns finanziell verpflichtet haben«, sagte der Magier.
Der Maurer lachte. »Namen? Kein Mensch hat jemals bezahlt. Hast du denn bezahlt?« Er grinste den Magier boshaft an.

»Nur weil du nicht danach fragst«, beeilte sich der Magier zu antworten. »Jeder von uns hier hat mehr als zehn Shilling zu Buche stehen, nicht wahr?«

»Du vielleicht«, sagte der Albino und begann schallend zu lachen. »Wenn ich je zehn Shilling besessen hätte, müßte ich nicht mehr hungern.«

Daraufhin versuchte es der Magier mit einer anderen Tour. Er beschrieb, womöglich zum Nutzen von Onuma, die Sorgen, die sie beim Aufbau der Partei in Aniocha gehabt hatten. Nun sei es nicht mehr als gerecht, wenn sie die vollen Vorteile ihrer geduldigen Anstrengungen ernteten. Aber es habe den Anschein, daß jemand ihre Ernte vernichten wolle. Jemand sei nach Isu gegangen und habe das Geld verschlungen, das der Eze für die gesamte Bevölkerung von Aniocha bereitgestellt habe.

Dieser Bericht berührte wunde Punkte. Plötzlich flammten Leidenschaften auf. Einer schaute den anderen böse an.

»Wer war der Kerl?« fragte der Albino wild.

»Ha!« zischte Mr. Augustine angeekelt. »So war's ja in Aniocha seit eh und je. Der Affe macht die Drecksarbeit, dieweil der Pavian speist.«

Der Vorfall verlor sich in Gegenbeschuldigungen allgemeiner Natur. Der Magier hatte nicht genügend Beweise in der Hand, um eine spezifizierte Anklage erheben zu können.

Onuma schaffte sich den Magier einfach dadurch vom Hals, daß er erklärte, er sei vom Eze zum Vorsitzenden der Ortsgruppe ernannt worden.

Der Magier lachte ungläubig. »So, das ist also die Art, wie man diese Dinge heutzutage handhabt. Wir arbeiten und schuften hier für nichts und wieder nichts, und sie denken, sie können über uns bestimmen ... Nun gut, geh und erzähl deinem Eze ...«

Während der ganzen Zeit, die der Magier sprach, hatte

ihn der Albino angestarrt. Schließlich konnte er nicht mehr an sich halten und fiel über den Rebellen her: »Du bist wiedergekommen. Was weißt du über die Partei? Bist du der Eze? Wer bist du, daß du meinst, nein sagen zu können, wenn der Eze diesen jungen Mann zum Vorsitzenden machen will? ... Weißt du, was 'n Buch ist? Bist du auf der Unität gewesen? Bist du nicht genau so 'n Dummkopf vom Lande wie wir alle?«

»Ich bin kein Dummkopf vom Lande. Du verkennst den Mann, mit dem du sprichst.«

»O ja, wir alle wissen von deinen Reisen, aber du bist doch noch 'n Bauerntölpel!«

Mr. Augustine, der während des ganzen Wortwechsels geschnupft hatte, schob mit dem Daumen eine letzte Prise ins Nasenloch und verkündete zwischen zwei genießerischen Seufzern seinen eigenen Urteilsspruch: »Junger Mann, Vorsitzender, ich grüße dich ... Wenn der Magier seinen eigenen Vorsitzenden haben möchte, so kann er ihn haben, aber die Wahl des Eze ist für mich gerade gut genug. Haha!«

Der Magier, der merkte, woher der Wind wehte, machte rasch einen Rückzieher. »Ich habe nicht gesagt, daß dieser junge Mann nicht unser Vorsitzender ist. Wie kann ich den Befehl des Eze in Frage stellen? Ihr alle wißt, daß ich mein Leben lang der Partei treu ergeben gewesen bin. Man braucht dem Magier nur zu sagen, was zu tun ist, und schon ist es getan!«

Er zeigte seinen guten Willen, indem er die Hand ausstreckte, um die Onumas zu schütteln, doch der entschloß sich, Haltung zu bewahren und die dargereichte Hand zu übersehen.

Der Albino hatte kein Interesse mehr an der Geschichte und begann leise Mutmaßungen über einen anderen Kandidaten anzustellen, der sich in Opposition zum Eze begab.

»Du meinst Ikpa, nicht wahr?«
»Ja«, bestätigte der Albino. »Der verrückte Ikpa, so haben wir ihn von Kindesbeinen an genannt. Und er ist noch so verrückt wie immer. Denn wer anders als ein Verrückter würde den Eze herausfordern?«
»Aber hat er denn Geld? Solange er Geld hat, kann er so verrückt sein, wie er will. Das ist das einzige, was uns interessiert. Einige Kandidaten kennen nur Worte, Worte und noch mal Worte, aber keine Taten. Doch wenn's soweit ist, Nutzen aus ihren Worten zu ziehen, brechen sie zusammen.«
»Jawohl, er hat Geld ... Ich hab gehört, er hat im Norden eine Bank ausgeraubt.«
»Oh, das ist gut«, sagte Mr. Augustine. »Einer muß hin und unsern Anteil eintreiben.«
»Der Vorsitzende und ich«, sagte der Magier.
Da niemand dagegen Einspruch erhob, blieb es bei diesem Vorschlag.

13

Onuma war erstaunt, als er erfuhr, daß der Gegner des Eze Ikpa aus Obunagu war, sein erster Vetter mütterlicherseits, der Sohn ihrer Schwester Adu. Aber Onuma war nicht der einzige, der von der Neuigkeit überrascht wurde, denn Ikpa hatte seine Absichten bis zum letzten Augenblick für sich behalten und sich ganz plötzlich in die vorderste Linie des Kampfes gestürzt. Er kämpfte auf religiöser Basis. Nachdem er herausbekommen hatte, daß der Eze Protestant war, hoffte er ihn von der starken katholischen Glaubensgemeinschaft der zehn Orte mit ihrem Zusammengehörigkeitsgefühl zu entfremden.
Solange Onuma sich entsinnen konnte, war Ikpa nicht

mehr in den zehn Gemeinden gewesen. Erst sechs Monate vor den Wahlen war er zurückgekehrt. Es war erstaunlich, wieviel er in dieser kurzen Zeit erreicht hatte. Zunächst einmal machte er sich selbst zum Häuptling, dann kaufte er einen Mercedes mit einer wohltönenden Hupe und pflanzte auf der Motorhaube die unvermeidliche Parteiflagge auf. Schließlich schuf er mit gewissen wohlberechneten Geschenken an die christliche Missionsstation die Legende von seiner Freigebigkeit. Wie der Eze strebte auch er wieder nach der sagenumwobenen Zeit des Überflusses. Daß ihm fernlag, den Eze in Verruf zu bringen, festigte noch seine Position. Die Leute mochten es, wenn ihre Führer von Reichtum sprachen. Ein Mann, der ihren Beifall suchte, kam nicht im Sacktuch der Demut daher. Er mußte nicht direkt wohlhabend sein, aber er mußte den Eindruck erwecken, es zu sein.

Zu Ikpas Statussymbolen gehörten viele Frauen. Zum Entsetzen seiner ersten Frau, die zwanzig Jahre glücklich mit ihm zusammen gelebt hatte, heiratete er bei der Rückkehr nach Obunagu tatsächlich vier. Dann mußte ein Palast gebaut werden, dabei strebte Ikpa, oder besser Häuptling Ikpa, eher nach einem Schaustück als nach einem bloßen Nutzgebäude. Die vier Stockwerke funkelten vor Glas und schreiendroten Vorhängen. Die drei oberen Etagen waren praktisch leer. Ikpa wohnte im Erdgeschoß, das als eine Kreuzung aus einem herkömmlichen *obi* und einer Gemeindehalle angelegt war. Schließlich wurden Lobessänger dem Haushalt zugeteilt, und entsprechend der wahren Tradition gutsherrschaftlicher Freigebigkeit war im *obi* jederzeit Palmwein zu haben. Onumas erster Gedanke beim Anblick all dessen war, wie lange das wohl Bestand haben würde.

Es schien unglaublich, daß Ikpa sich mit einer solchen Entschlossenheit in eine Wahl stürzte, in der er, wie

jeder außer ihm selbst wußte, nicht die geringste Gewinnchance hatte.
Andererseits glaubte Ikpa wirklich, daß er gewinnen würde. Er zweifelte nicht im mindesten daran.
Doch obwohl Onuma die Torheit von Ikpas Entschluß haargenau abschätzen konnte, war er neidisch auf die Gradlinigkeit und Bestimmtheit, mit der dieser vorging. Sie stellten einen großen Kontrast zu seiner eigenen Unentschlossenheit in der letzten Zeit dar.
Als Onuma in Ikpas Anwesen eintraf, ging er erst seine Tante Adu besuchen. Sie saß in ihrer Hütte auf dem Erdbett. Ikpa hatte die Hütte mit Wellblech gedeckt, war aber so gescheit gewesen, die traditionelle Lehmbauweise ansonsten so zu belassen, wie sie immer gewesen war. Die Begegnung mit seiner Tante war für Onuma wie eine zweite Heimkehr. Seine Jugend hatte er zwischen Adu und seiner Mutter verbracht. Adu war die ältere Schwester, aber die beiden Frauen glichen einander erstaunlicherweise sehr. Da waren die gleiche Gemütsruhe und die gleiche blinde, nie fragende Geduld. Sie begrüßte ihn mit ihrem ruhigen Lächeln, das einen immer glauben ließ, man habe urewige Zeiten bei ihr gesessen, stets von ihr akzeptiert und verstanden. Onuma war nie wieder jemandem begegnet, der bei ihm den gleichen Eindruck verborgener Stärke hinterlassen hätte.
Die jungen Frauen, Ikpas neue Frauen also, die in unmittelbarer Nähe ihrer Schwiegermutter lebten, brachten ihr Willkommen lautstärker zum Ausdruck.
»Wirst du mich mit zurück nach Lagos nehmen?« fragte eine.
»Du sollst wissen, daß ich schon eine Frau habe.«
»Wer ist es denn? Die aus Aniocha oder die aus Mbamili oder die, die in Isu wohnt?«
»Die einzige, die etwas bedeutet.«
»Hat sie denn 'ne gute Bitterkrautsuppe für dich?«

»Sie kann mich die ganze Nacht füttern, wenn ich will.«

Als Onuma in die Diele des Palastes zurückkehrte, traf er dort den Magier und ein paar andere Männer aus Obunagu, die ehrerbietig über einen Spaß lachten, den Ikpa gemacht hatte. Gekleidet in bestickte Gewänder, eine mit goldenen Bändern und einer Quaste verzierte Kappe auf dem Kopf, sonnte sich dieser im Glanz der Ehrerbietung der Bauern. Neben seinem Sitz waren Elefantenstoßzähne und ein goldbeschlagener *ozo*-Stab augenscheinlich um des Effektes willen plaziert – immerhin hatte Ikpa noch nicht den Titel eines *ozo*.

Die prunkhafte Vorstellung hätte unpassend wirken können, wäre nicht die Sicherheit gewesen, mit der Ikpa sie gab. Er nickte Onuma mit königlicher Herablassung zu, doch der kümmerte sich nicht um diese Art des Empfangs, sondern marschierte kühn auf Ikpa zu und schüttelte ihm die Hand.

»Wie ein Mann aus Aniocha«, sagte der und erwiderte feierlich den Händedruck. Seine Zuhörer fingen den Hinweis auf und lachten.

Onuma fühlte sich nicht beleidigt, denn er sah in Ikpa nicht mehr als einen Schauspieler und einen Hofnarren obendrein. Er entschloß sich, bei dem Narrenspiel mitzumachen.

»Bringt uns was Scharfes«, befahl Ikpa seinen Dienern. Sie holten aus einer mit reichem Schnitzwerk versehenen Kommode eine neue Flasche schottischen Whiskys sowie kleine Gläser und ließen diese rundgehen.

»Und wo sind die Musikanten?« fragte Ikpa.

Ein halbes Dutzend dieser Lobessänger hockten an einem Ende des Raumes. Sie stimmten ein Lied an. Onuma kannte den Vorsänger, er war ein berühmter Künstler, der schon fast fünfzig Jahre lang seiner Kunst lebte. Er war recht gealtert, nicht aber seine rostigscharfe, vom Palmwein gefärbte Stimme, die noch immer ihren Reiz und völlige Echtheit bewahrt hatte.

Ikpa war ganz von den Wahlen erfüllt. Er redete über die Musik und rühmte sich seines nahe bevorstehenden Erfolges. »Ganz Obunagu steht hinter mir.«

»Sehr richtig«, rief ein Bauer aus und begann durch den Raum zu tanzen, sowohl aus Ehrerbietung Ikpa gegenüber als auch als Antwort auf die Musik.

»Wir werden das Gesicht des Eze in den Dreck ziehen. Aniocha, Mbamili, Isu, alle stehen hinter mir.«

Dies entlockte einer anderen lärmenden Gruppe ebenfalls eine Lobpreisung.

Plötzlich schien mit Ikpa etwas vorzugehen. »Komm mal mit, Vetter«, kommandierte er, nahm Onuma beim Arm und zwang ihn in einen der Flure des Erdgeschosses.

»Man hat mir erzählt, daß du für diesen Schurken, den Eze, arbeitest«, sagte er mit Schärfe.

»Ich wußte nicht, daß du kandidierst.«

»Nun, dann weißt du's jetzt. Und du mußt ihn sofort verlassen. Er ist der größte Verbrecher in dieser Gegend, aber wir werden ihn zur Rechenschaft ziehen. Die größte Schande seines Lebens ist gerade recht für ihn. Aber natürlich«, fuhr Ikpa nach kurzem Nachdenken fort, »könnte es eine gute Idee sein, wenn du bei ihm bliebest und mich über das, was er tut, ständig auf dem laufenden hieltest.«

»Aber er ist mein Arbeitgeber«, wehrte sich Onuma. »Er zahlt mir Gehalt.«

»Was heißt hier Gehalt?« Ikpa fegte diese Meinung hinweg, in der Onumas in ein mehr kosmisches politisches Geschäft gesetzte Hoffnungen zum Ausdruck kamen. »Du machst es genau so, wie ich es sage. Tu so, als arbeitest du für ihn. Halt die Ohren offen und schick mir ungefähr einmal in der Woche Nachricht.« Und bevor Onuma auch nur noch ein Wort sagen konnte, schob Ikpa ihn den Flur hinunter in einen Raum, der als Büro diente. Er war voller Leute, die alle aufgeregt Geld zu zählen schienen. Ikpa bahnte sich mit den Ellenbogen seinen Weg zum Tisch, wo der Zahlmeister saß.

»Das hier ist mein Bruder«, stellte er Onuma vor. »Er stammt aus Aniocha.«

»Wir sind aus Aniocha«, sagte der Magier, der, wie es schien, aus dem Nichts auftauchte.

Onuma bedachte ihn mit einem versengenden Blick.

»Er wird das Geld für Aniocha in Empfang nehmen«, erklärte Ikpa, der sich bereits wieder auf den Rückweg machte. An der Tür aber drehte er sich noch einmal um. »Sag deiner Mutter, daß ich sie schon lange nicht gesehen habe.«

Der Sekretär, ein schmächtiger junger Brillenträger, sah Onuma ehrfürchtig an. »Wieviel Familienälteste gibt es in Aniocha?« fragte er.

»Fünfhundert«, sagte der Magier rasch.

»Was?« schrie der Sekretär, an den Magier gewandt. »Laut Zählung hatten wir vor zwei Jahren zweihundert. Und ich weiß, daß seitdem die Hälfte von ihnen gestorben ist. Wie kommst du also auf die doppelte Anzahl?«

»Es sind fünfhundert«, beharrte der Magier. »Gibt es dort etwa nicht fünfhundert?« wandte er sich an Onuma.

»Du kriegst das Geld für zweihundert«, sagte der Sekretär, »und zwar zehn Shilling für jeden Ältesten. Das macht hundert Pfund.«

Er nahm Geldscheine aus einen Korb, zählte hundert ab und händigte sie Onuma aus, aber der Magier stürzte dazwischen, riß das Geld an sich und zählte peinlich genau nach.

»Wahrscheinlich wirst du dir alles unter den Nagel rei-

ßen«, sagte der Sekretär zynisch. »Ich traue euch Agenten nicht.«
Der Magier antwortete mit einem Lächeln, das keinerlei Bereitschaft zum Kleinbeigeben verriet, und fuhr mit dem Zählen fort. Als er zum drittenmal zu zählen begann, schnappte ihm Onuma das Geld weg und steckte es in die Tasche.
Dann ging er, um sich von Häuptling Ikpa zu verabschieden. Der huldigte gerade, begleitet von der *ozala*-Trompete, dem Geist seines Vaters. Als er Onuma bemerkte, hielt er, wachsam, wie er war, inne und trat auf ihn zu.
»Ich werd euch nach Hause fahren«, sagte er und führte ihn und den Magier zu einer Bogenhalle vor dem Haus. Ein uniformierter Pförtner, der ein bißchen gedöst hatte, sprang auf und salutierte.
»Sag dem Chauffeur, er soll vorfahren«, befahl Ikpa.
»Ja, Herr.«
Wenige Augenblicke später brachte ein uniformierter Chauffeur einen riesigen luxuriösen Mercedes neben ihnen zum Stehen, stürzte heraus und riß die Türen auf.
»Steigt ein«, drängte Ikpa. Und als das Ungetüm sich seinen Weg durch das goldgrüne Zwielicht bahnte, erklärte der Besitzer die Mechanik und die Bequemlichkeiten des Wagens. »Raucht einer von euch?« fragte er. »Macht nichts. Hier ...« Er drückte auf einen Knopf, und ein verborgenes Zigarettenkästchen bot eine Auswahl von Luxuszigaretten an. Ikpa nahm sich eine und ließ die anderen wieder verschwinden. »Und das ist auch zum Rauchen nötig.« Er drückte auf einen anderen Knopf, und mit opalnem Blitzen gähnte ein goldener Aschenbecher in der soliden Samtpolsterung des Sitzes.
Schließlich das Radio. »Stell das Radio an, Chauffeur.«

»Ja, Herr.«
Aber auf keinem Sender gab es Musik, die Ikpa mochte, und so befahl er barsch, sie zum Schweigen zu bringen.
Es gab noch mehr Wunder, so die Klimaanlage, eine verborgene Speisevorrichtung, eine Bar. Der Magier war verzückt und trieb den stolzen Besitzer zu weiteren Demonstrationen.
»Ich wollte mir auch eine Bar in meinen Jaguar einbauen«, sagte Onuma unvermittelt.
»Du hattest einen Jaguar?« fragte Häuptling Ikpa ungläubig, in einem Ton, den Bileam angeschlagen hätte, wenn es seinem Esel eingefallen wäre, sich seiner Gesangskünste zu rühmen.
Onumas unbesonnene Bemerkung brachte eine persönliche Rivalität zwischen ihm und Häuptling Ikpa ans Tageslicht, die bisher während ihrer Begegnungen verborgen geblieben war. Häuptling Ikpa war sich sehr wohl Onumas Überlegenheit in Fragen der Bildung und Welterfahrung bewußt und suchte daher seine überlegenen materiellen Besitztümer dagegenzustellen. Um die eigene Wertschätzung aufrechtzuerhalten, war es seines Erachtens notwendig, daß Onuma sich in dieser Beziehung ihm unterwarf.
Onuma, der schnell merkte, in welcher Klemme der Mann saß, beeilte sich, ihm zu versichern: »Ich hatte einen. Aber er ist in tausend Stücke zerfallen.«
Häuptling Ikpa nahm die Neuigkeit mit triumphierendem Lächeln entgegen.
Sie erreichten Aniocha in der rostfarbenen Abenddämmerung, und Ikpa weckte den schläfrigen Ort mit einem Schwall wohltönender Hupsignale. Das war die erste Erfahrung, die die Leute in Aniocha mit dem »singenden Wagen« machten, der in den bevorstehenden Auseinandersetzungen noch eine so allgegenwärtige Rolle spie-

len sollte. Der Magier versuchte durch übertriebene Huldigung sein tiefempfundenes Vergnügen an der Fahrt zum Ausdruck zu bringen, aber Häuptling Ikpa hatte keine Zeit mehr für ihn. Er war nun darauf erpicht, Onumas Mutter zu sehen. »Ruf unsere Tochter«, befahl er. Sie erschien glückstrahlend. Ikpa war stets ihr Lieblingsneffe gewesen.

»Mutter, dein Sohn hat ein *alu* begangen. Warum hast du das zugelasen?«

»Was für ein *alu*? Red vernünftig, Junge. Warum kannst du nicht vernünftig reden?«

»Dein Sohn ist Mitglied dieser Sippschaft des Eze von Isu geworden. Aber ich hab ihn gerettet. Jetzt gehört er zu mir.«

»Natürlich gehört er zu dir«, sagte Oliaku mit fester Überzeugung.

»Das meine ich auch, Mutter«. Und ohne ein weiteres Wort schnipste er mit den Fingern nach dem Chauffeur, und der Wagen glitt davon.

Die anderen Mitglieder der NVU-Ortsgruppe, der Albino und der Maurer, warteten auf Onuma in desen Haus.

»Hat unser Mann sich Mühe gegeben?« fragte der Albino.

»Da solltest du den Magier fragen.«

Sie fragten ihn. »Hat uns Häuptling Ikpa *cola* zur Verfügung gestellt oder nicht? Aber bitte keine Aniocha-Tricks.«

Der Magier blinzelte Onuma verschwörerisch zu und entgegnete: »Er hat uns Geld gegeben, aber das ist für die Ältesten bestimmt. Man erwartet von uns, daß wir es uns nicht unter den Nagel reißen.«

»Das wissen wir alles«, knurrte der Maurer. »Die Frage ist, wieviel?«

Eine weitere Kopfbewegung des Magiers besagte: Verrat's ihnen nicht!
»Ich versteh wirklich nicht, was euch das angeht«, sagte Onuma.
Seine offensichtliche Hartnäckigkeit entmutigte die beiden Männer. Der Albino schrumpfte ein wenig in sich zusammen. Der Maurer gab sich reumütig.
»Wir wissen, daß er dein Bruder ist, und somit hast du das Recht, mit allem, was er dir gab, zu machen, was du willst. Aber sieh uns Arme und Unglückliche an. Kannst du uns mit leeren Händen wegschicken? Das entspräche gar nicht der sonstigen Art der Okudos. Unsere Leute sagen, der Falke soll sich setzen und der Adler soll sich setzen, egal, welcher zu dem anderen sagt, komm nicht runter, soll er sich doch die Flügel brechen.« Die Rede wurde noch mit drei anderen volkstümlichen Wendungen ausgeschmückt.
Der Magier deutete durch sein Verhalten und verschiedene heimliche Gesten an, daß er dafür sei, gegenüber diesen flehentlichen Bitten standhaft zu bleiben.
Aber Onuma kalkulierte anders. Er ging in sein Schlafzimmer und kehrte mit einem Bündel Geldscheine zurück. Er zählte sie und gab jedem der drei fünf Pfund. Der Magier machte Einwendungen, als er sein Geld erhielt, aber da Onuma drohte, das Angebot rückgängig zu machen, griff er hastig zu. Die Dankbarkeit des Albinos und des Maurers war widerlich. Sie waren es nicht gewohnt, mit so viel Geld umzugehen, das für sie wahrscheinlich ein halbes Jahreseinkommen darstellte.
Zunächst einmal führte der Albino den Ritus des *cola* über dem Geld aus. Dann dankte der Maurer überschwenglich. »Vorsitzender, du bist gut zu uns gewesen. Dieses *cola,* das du uns gegeben hat, wird sich hundertfältig in deiner Tasche vermehren. Gott selbst hat dich für eine Weile hierher zu uns geführt. Wir beugen

unsere Knie und danken ihm, denn dein Aufenthalt war fruchtbar. Danke, Vorsitzender. Ich danke dir.«
Als sie sich schließlich verabschiedeten, verbeugten sie sich tief und schnauften glücklich. Nur der Magier blieb zurück. Er schaute Onuma mit strahlender, erwartungsvoller Miene an.
»Diese Kerle sind nichts als Bauerntölpel«, sagte er.
Um ihn zu vertreiben, schützte Onuma Müdigkeit vor. Aber der Magier war beharrlich.
»Was wird nun?« fragte er Onuma.
»Wie meinst du das, was nun wird?«
»Nun, mit dem Geld, das dir dein Bruder gegeben hat.«
»Dieses Geld ist für die Ältesten bestimmt.«
»Ja, das wissen wir.«
»Ich dachte, du wolltest mir ans Herz legen, das für die Ältesten bestimmte Geld nicht zu teilen«, sagte Onuma.
»Es war falsch, es vor den Augen dieser Bauerntölpel zu teilen.«
»Würdest du es für richtig halten, daß wir uns noch einmal treffen und alles Geld zurückfordern?«
»Nein, nein«, sagte der Magier eilig. »Ich mache dir ja gar keine Vorwürfe, denn schließlich ist es das Geld deines Vaters, und dir steht jegliches Recht zu, damit zu machen, was du willst. Hast du sonst noch Wünsche, was ich tun soll, Vorsitzender?«
Onuma imitierte ein Schnarchen und setzte damit allem weiteren Palaver erfolgreich ein Ende.

14

Als Onuma das nächste Mal den Eze besuchte, wurde er zufällig Zeuge einer schrecklichen Konfrontation zwischen diesem und Ikpa. Ikpa war zum Wohnort des

Eze gekommen, um dem Löwen in seiner Höhle entgegenzutreten, so wie die Dinge lagen. Der Eze, der sich vom obersten Treppenansatz aus um das Unternehmen kümmerte, erteilte mit ungewöhnlich erregter Stimme Weisungen.

»Der erste Mann, der auf meine Mauern klettert, ist zu erschießen. Ist das nicht so?«

»Natürlich«, sagte sein mißmutiger Stellvertreter, Kabu-Kabu.

Als Onuma näher trat, blickte ihn der Häuptling mißtrauisch an. Offensichtlich wußte er nicht recht, wo er ihn einordnen sollte. Aber nach kurzer Zeit schien er ihn wiederzuerkennen. »Ist das der Mann aus Aniocha?«

»Ja, Herr«, erwiderte Kabu-Kabu.

»Gib ihm ein Gewehr.«

Kabu-Kabu ging in das Haus und kehrte bald mit einem automatischen Gewehr zurück, das er Onuma in die Hand drückte.

»Ich glaube, du wirst es heute abend brauchen«, sagte der Eze.

Ein Chor, der sich sehr nach Kriegsgesängen anhörte, drang über die äußeren Wälle herein und schien die Bastion des Eze anzugreifen.

»Wer möchte zur Hölle fahren?
Wer möchte zum Teufel gehn?
Dann soll er mit dem Eze gehn!
Wer möchte in den Himmel kommen?
Wer möchte das Leben genießen?
Der soll mit Häuptling Ikpa gehn!«

Dann folgte der gewaltige Refrain:

»Gib uns Häuptling Ikpa!
Im Leben wie im Tode
ziehn wir mit Häuptling Ikpa!«

»Noch heute abend ziehen sie mit ihm in den Tod«, bemerkte der Eze finster.
Onuma, bestürzt über die plötzliche Wendung der Ereignisse, begab sich ins Haus. Dort sah er viele der schweren Jungen des Eze in einem als »Privat« gekennzeichneten Raum ein und aus gehen. Von Neugier getrieben, lenkte er seine Schritte dorthin, doch wurde er auf der Schwelle von einem hünenhaften, böse blickenden jungen Mann gestoppt.
»Was willst du?« fragte der Mann drohend.
»Ich gehöre hierher.«
»In der Tat«, erwiderte der andere Bursche sarkastisch.
»Ist in Ordnung, Gorilla«, sagte Kabu-Kabu, der gerade vorbeikam. »Er ist ein Neuer.«
»Wann ist er denn zu uns gekommen?« fragte der Gorilla. Sein Mißtrauen war noch nicht beseitigt.
»Der Eze hat ihn eingestellt.«
Der Gorilla grunzte.
Onuma betrat den Raum. Die meisten Leibwächter saßen in einem Halbkreis und rauchten verstohlen Marihuana. Einige hatten die Augen geschlossen und genossen gerade die erste Wirkung des Krauts. Andere verrieten mit sinnlosem Lächeln und müden Bewegungen, daß sie die letzten Phasen der Verzückung hinter sich hatten.
»Hast du deine Unze schon?« fragte ein Individuum, das sich in einer Ecke rekelte und der Verteiler des »Stoffes« zu sein schien.
»Ich rauche nicht«, antwortete Onuma.
»Er raucht nicht!« Mehrere Männer stürzten vor, um seine Ration im Empfang zu nehmen. »Er raucht nicht!« schrien sie im Chor.
Doch der Verteiler war sehr genau. »Eine Unze pro Mann hat der Chef gesagt.«

Als Onuma aus dem Raum kam, sprach ihn der Gorilla wieder an. »Hast du ein paar Züge gemacht?«
»Ich rauche nicht.«
»Soll das ein Spaß sein?« knurrte der Gorilla.
»Ich sag dir doch, ich rauche nicht.«
»Warum bist du denn dann drin gewesen?«
»Um mein Gewehr zu laden.«
»Das war bereits geladen. Aber du hast nicht'n paar Züge gemacht?«
»Nein.«
Der Gorilla ließ nicht ab, ihn anzustarren: Onuma mußte an ihn und seinen standhaften Blick gewöhnt werden. Er war der Führer der Strauchdiebe. Was ihn über die anderen hinaushob, war ein gewisser animalischer Mut, der gekoppelt war mit einer totalen Mißachtung des Lebens, des eigenen wie des Lebens anderer Leute.
Die Gesänge der Belagerer hatten aufgehört. Der Eze läutete eine Glocke, und all seine Strauchdiebe stürzten zu einem Lastwagen, der vor dem Hause parkte und mit Gewehren, Messern und Knüppeln beladen war. Neben ihm stand ein Volkswagen.
Onuma sollte mit Kabu-Kabu in dem VW fahren. Beim Lastwagen kam es zu einem kleinen Tumult. Einer der Männer hatte sich vorn neben den Fahrer gesetzt.
Der Gorilla stand hinter ihm und starrte ihn an. Er bebte am ganzen Körper. Der Platz vorn beim Fahrer war nach heiligem Brauch das Privileg des Gorillas. Nur wenige dieser Strolche würden sich jemals dort hineindrängen – und der Übeltäter hatte sich in seinem Rausch mehr aus Versehen auf diesen Platz geschwungen denn aus dem Verlangen, die Autorität des Gorillas in Frage zu stellen.
Die anderen zerrten den Übeltäter vom Vordersitz

und hievten ihn unter lauten Schreien der Besorgnis hinten auf die Ladefläche. Dann versuchten sie den Gorilla zu besänftigen. Der aber wollte sich nicht besänftigen lassen. Achselzuckend zog er von dannen und brütete an der Außenmauer vor sich hin. Es herrschte eine tödliche Stille. Niemand wußte, was er tun würde. Das Ganze erweckte den Anschein, als beobachteten alle eine große Raubkatze, die sich auf den Angriff vorbereitete. Schließlich kam der Gorilla zurück. Er hatte Tränen in den Augen. Man hatte seinem Drang nach Gewalt Einhalt geboten, und Tränen waren der einzige Abfluß, der ihm blieb.

Der Eze hatte den Vorfall beobachtet und sich klugerweise einer Stellungnahme enthalten. Er wußte genau, daß ein Wort von ihm der Funken sein konnte, der eine feuergefährliche Situation in Flammen zu setzen vermochte. Als sich schließlich alle beruhigt hatten, erteilte er die letzten Weisungen.

»Sie werden bald hier vorbeikommen. Dann müßt ihr ihnen folgen. Häuptling Ikpa in seinem Wagen und seine Leute auf einem Kipper. Ich möchte keine Toten. Erteilt ihnen nur eine Lehre, das reicht.«

Sein Leibwächter nickte verstehend und wartete. Ein paar Augenblicke später ertönte draußen eine melodiöse Hupe. Dann folgte eine Rauchwoge, und in ihrem Sog wurden ein paar Steine in das Anwesen des Eze geschleudert.

»Da sind sie«, brüllten alle Leibwächter im Chor und setzten ihnen nach.

Die schon tief im Westen stehende Sonne war in purpurrote Splitter zerbrochen, als die Jagd begann. Der Mercedes führte das Rennen an, dicht dahinter der Kipper. Dann kamen die Verfolger mit dem Lastwagen. Und erst mit weitem Abstand folgte der Volkswagen, in dem Kabu-Kabu und Onuma saßen.

Kabu-Kabu wollte sehen, ob der Befehl des Eze ausgeführt wurde, aber er achtete als Sekretär darauf, nicht mit den Strolchen auf dem Lastwagen identifiziert zu werden.

Der Markt in Isu war in Auflösung begriffen, und die Leute machten sich auf den Heimweg. Gemächlich schlenderten sie auf der Landstraße dahin. Als die vier Fahrzeuge durch ihre Reihen jagten, gellten wahnsinnige Schreie auf. Gleich hinter Isu zog sich die Straße durch ein langes Stück flachen Buschlandes, und in dieser Abendstunde erstreckten sich die grünen Äcker in üppiger Pracht bis zum bläulichen Horizont. Wenig später wurde das Bild der Landschaft wieder von Siedlungen bestimmt; eine Strohhütte folgte der anderen, manche mit Wellblech gekrönt. Es war der in sich abgeschlossene Weiler Mbamili. Er bereitete sich darauf vor, früh schlafen zu gehen, und schenkte der Jagd offensichtlich keine Beachtung.

Der Mercedes lag an der Spitze, doch der Kipper mühte sich tapfer mitzuhalten. Dann mußten die Fahrzeuge einen langen, steilen Hügel hinauf. Der Mercedes fuhr mit Häuptling Ikpa voraus. Aber der Kipper mit seinen Strauchrittern mußte sich wesentlich mehr quälen.

Die Verfolger, die nur ihr Hauptziel im Auge hatten, versuchten zunächst, den Kipper zu überholen, doch plötzlich fand der Fahrer des Lastwagens an einem Schabernack Gefallen; er blieb auf gleicher Höhe mit dem Kipper und drängte diesen zur Seite. Die Strolche auf den beiden Wagen beugten sich über die Bordwände, schüttelten die Fäuste und schleuderten einander Schimpfworte an den Kopf. Sie waren allesamt zu einer allgemeinen Schlägerei bereit, wenn die Fahrer nur gehalten hätten. Doch offensichtlich hatten diese mehr Verstand.

Das Wortgefecht setzte sich fort, bis sich die beiden Wagen dem Kamm des Hügels näherten, wo sich der Abgrund von Isu auftat. Der Kipper war dem Rand der Schlucht gefährlich nahe. Da unternahm der Lastwagen einen kraftvollen Ausfall gegen ihn. Ikpas Männer schrien wahnsinnig, der Kipper zögerte einen Augenblick, dann tauchte er in die Tiefe.
Die Gangster des Eze stimmten ein Triumphgeheul an und jagten dem entkommenden Mercedes nach. Nach zwei Meilen hatten sie ihn eingeholt: Er stand in Anioacha am Straßenrand. Häuptling Ikpa war zu der Ansicht gelangt, daß sie die Verfolgung aufgegeben hätten, und verlieh seiner Erleichterung dadurch Ausdruck, daß er hinter dem Wagen sein Wasser abschlug. Als er den Lastwagen auf sich zurasen sah, rannte er zum nächsten Haus und hielt dabei die Hosen fest, so gut es eben ging. Sein Fahrer, der durch nichts behindert war, war ihm ein gutes Stück voraus.
Die Hosen retteten Häuptling Ikpa. Der erste Raufbold, der ihm mit einem Hirschfänger nachsetzte, mußte plötzlich über etwas in Ikpas Benehmen schallend lachen. Die anderen wurden von ihm angesteckt und zappelten bald vor nicht zu bezähmender Heiterkeit. Selbst der Gorilla, der, mit einer Machete in der Hand, verwirrt stehengeblieben war und die Stirn gerunzelt hatte, entspannte plötzlich und ließ seine Zähne sehen.
Der Gorilla begab sich zu dem Lastwagen zurück, holte eine mit Benzin gefüllte Spritze hervor und übersprühte den luxuriösen Mercedes. Dann setzte er ihn mit peinlicher Sorgfalt in Brand. Angesichts der großen Feuerlohe begannen ein oder zwei der Strolche eine Folge von Kriegstänzen, dann kehrten sie alle auf ihren Lastwagen zurück und fuhren singend nach Hause.

Kabu-Kabu und Onuma hatten alles von weitem beobachtet. Als Kabu-Kabu erriet, was die Strauchritter beabsichtigten, dirigierte er Onuma kummervoll in einen verborgenen Winkel, von wo sie alles beobachten konnten. Als die Feuerzungen am Mercedes leckten, fuhr er sich zweifelnd über das Gesicht. »Nicht in Ordnung. Das ist nicht, was der Eze wollte«, sagte er.

Die zwei Gewaltakte erregten großes Aufsehen, vor allem die Verbrennung des Wagens. Zwar hatte man sieben Tote aus dem zerschmetterten Kipper geborgen, doch das wurde als ein Unfall betrachtet, und so wurde das Ereignis, nachdem die gespenstischen Einzelheiten in den Zeitungen breitgewalzt worden waren, bald vergessen. Mit der Verbrennung des Wagens war das anders. Häuptling Ikpa mühte sich sehr, die Neugier der umliegenden Dörfer wachzuhalten. Und noch Wochen nach dem Vorfall waren die Trümmer des Wagens ein Anziehungspunkt für Touristen. Dann wurde auf Grund wiederholter Proteste an die Regierung eine Abteilung bewaffneter Polizei nach Aniocha geschickt. Drei Tage lang paradierten sie über den Markt, stießen wirkungslose Drohungen aus und nahmen die Darlegungen der unwahrscheinlichsten Leute entgegen. Aber schließlich wurden trotz Ikpas Anschuldigungen, die beweisen zu können er für sich in Anspruch nahm, keinerlei Verhaftungen vorgenommen. Dafür wurde eine Erklärung des Polizeikommissars auf dem Markt verlesen oder durch Gongschläger verbreitet, in der die Bevölkerung gewarnt wurde, Gewalt anzuwenden. Auch der Eze tat in einer Veröffentlichung aus seinem Palast in Isu kund, daß es der heiligste Wunsch aller Bewohner der zehn Gemeinden sei, *freie* und *faire* Wahlen zu erleben.

Ein Ergebnis der Verfolgungsjagd war, daß sich Onuma im Besitz des Volkswagens befand, mit der Aussicht, ihn vielleicht auf Dauer benutzen zu können. Und es war auch möglich, daß er ihn nach Abschluß der Wahlen, die rechte Art Wohlwollen vorausgesetzt, behalten konnte. In der Vergangenheit war es des öfteren vorgekommen, daß Leute, die einen Parteiwagen gefahren hatten, vergaßen, ihn zurückzugeben.
Eines Nachmittags, als er sich gerade in einer Bar in Isu zu einem Glas Bier niedergelassen hatte, schneite der Magier herein und begann sogleich die Gäste zu bearbeiten. Er begegnete Onumas Blick, lächelte sein halbes Lächeln und ging zu ihm hinüber. »Der Eze ist's wieder mal gewesen«, flüsterte er verschwörerisch.
»Was ist?« fragte Onuma.
»Der Wagen, der in Aniocha verbrannt wurde. Du weißt, daß er's war?«
»Nein«, sagte Onuma.
Der Magier musterte ihn eindringlich und fragte sich, ob sein Gegenüber wohl lüge. Schließlich gelangte er zu der Ansicht, daß er wohl doch die Wahrheit spreche, und schien sich selbstgefällig in dem Ruhm zu sonnen, Onuma im sicheren Zugang zu den örtlichen Ereignissen voraus zu sein.
»Unser großer *oga* hat's getan«, fuhr er leise fort. »Aber er hat der Polizei ein Vermögen zahlen müssen, um aus dem Schlamassel rauszukommen.«
Daß Onuma den Volkswagen nunmehr in seinem Besitz hatte, beschäftigte ihn ebenfalls sehr. Er kam nicht direkt darauf zu sprechen, sondern machte nur Andeutungen. Seit vierzehn Tagen lerne er Autofahren, und er hoffe, daß die Partei ihm in den nächsten Tagen seine Dienste entgelten werde.
Onuma bot ihm ein Bier an. Der Magier zögerte; er trank eigentlich kein Bier, aber Onumas Angebot

konnte eine Herausforderung sein, die abzulehnen unschicklich wäre. Also nahm er es an. Nach weiteren zwei Bieren war er beschwipst. Er begann die Kellnerinnen jäh und übel zu befummeln.
Onuma entschied, daß es Zeit sei aufzubrechen. Doch der Magier klammerte sich an ihn. »Laß uns zusammen gehn«, sagte er. Und als sie hinaustorkelten, murmelte er angetütert: »Du bist also nicht für diese Sache?«
»Was für 'ne Sache?«
»Die Mädchen«, sagte der Magier lüstern.
»Nein«
»Haha!«
Als sie zum Wagen kamen, bettelte der Magier, mal fahren zu dürfen, und er war so hartnäckig, daß sich Onuma dafür entschied, einen Versuch mit ihm zu wagen. Falls sich nach den ersten hundert Metern oder so herausstellen sollte, daß er unfähig war, würde es nicht schwer sein, ihn zu stoppen und sich selbst ans Steuer zu setzen. Aber überraschenderweise hatte der angeheiterte Magier den Wagen durchaus in der Gewalt. Er fuhr fehlerfrei bis nach Aniocha, brachte dort den Wagen mit triumphierender Geste zum Stehen, stieg aus und streckte die Hand den am Markt lagernden Leuten freundlich entgegen. Glückwünsche wurden rings um ihn laut.
»Hast du eben das Geschäft da abgeschlossen?« fragte jemand und zeigte auf den Wagen.
Der Magier umging die Frage, gab aber durch sein Verhalten zu verstehen, daß er etwas mit der Verteilung von Parteiwagen zu tun habe.
»Wie ihr wißt: Die Partei ist groß. Stimmt für die NVU!«
»NVU!« riefen die Bauern.
Der Magier kehrte mit einem triumphierenden Lächeln zum Wagen zurück und fuhr davon.

»Der Eze wird siegen. Daran gibt es keinen Zweifel«, sagte er. »Wenn ich dein Vetter wäre, würde ich 'n Rückzieher machen. Die Leute hier stehen hinter dem Eze.«

»Vielleicht«, antwortete Onuma, der darauf brannte, ihm den Wagen wieder wegzunehmen.

Sie erreichten Udemezues Gehöft, aber der Magier hielt nicht.

»Wir sind zu Hause«, erinnerte ihn Onuma.

»Ja, aber willst du, Sohn unserer Väter, dieses neue Ding hier nicht in meinem Gehöft Bekanntschaft machen lassen?«

Der Wagen machte nicht nur mit dem Gehöft des Magiers Bekanntschaft, sondern auch mit einem Schwarm seiner Kinder, die herausgestürzt kamen und ein lärmendes Hufeisen um den VW bildeten.

»Laßt mal, Vater wird euch einen schenken«, sagte der Magier.

»Einen wie den hier?« fragte eines der Kinder.

»Laßt mal.« Er schob sie aus dem Weg und gab Onuma mit einem Winken die Erlaubnis zum Start.

15

Häuptling Ikpa hatte Onuma zwei diktatorische Botschaften gesandt, er solle zu ihm kommen. Doch Onuma war zu sehr für den Eze beschäftigt, und außerdem wußte er, was Ikpa mit ihm bereden wollte, fühlte sich nicht gerade beruhigt und war deshalb sehr darauf aus, weitere Begegnungen zwischen ihnen zu vermeiden. Aber Ikpa war hartnäckig und schickte schließlich nach Onumas Mutter. Oliaku weilte gerade für eine Woche bei der Familie ihrer Schwester, und als sie heimkehrte, lief sie tagelang mürrisch umher. Schließ-

lich gelangte sie zu der Einsicht, daß sie sich mit Onuma auseinandersetzen mußte.
Sie kam in sein Haus, und nach wenigen Augenblicken des Schweigens, während dem sie ihre Gedanken zu ordnen schien, brach es mit ungewöhnlicher Heftigkeit aus ihr hervor. »Das ist nicht in Ordnung. Es ist nicht in Ordnung, daß ein Mann seinen Bruder im Stich läßt und sich mit Fremden zusammenspannt!«
»Ja, Mutter, aber ich muß meinen Lebensunterhalt verdienen. Wenn Ikpa mich beschäftigen will, so ist das eine andere Sache, aber er will ja nicht. Kann ich vielleicht mit einem leeren Magen für ihn arbeiten?«
Sie bedachte diesen Sachverhalt, begriff, daß Onuma ebenfalls recht hatte, und wandte sich gegen Ikpa. »Ich verstehe einfach nicht, wie er sich gegen einen solch großen Mann wie den Eze stellen kann. Wenn einer, der etwas vortäuscht, jemanden sieht, der mächtiger ist als er selbst, so sollte er soviel Verstand haben, neben ihm zu gehen.« Jedoch schloß sie: »Es ist ihr Problem ... Ich weiß überhaupt nicht Bescheid. Eines aber weiß ich: Ikpa ist dein Bruder.«
Onuma hatte ebenfalls das starke Gefühl, daß er einen Verrat beging, aber er schob es von sich.
An eben diesem Abend hupte es leise vor Udemezues Gehöft. Onuma ging hinaus, um nachzusehen, und entdeckte Ikpa im Fond eines Peugeot. Es war vielleicht sein Zweitwagen, oder er hatte ihn sich geliehen. Er trug seine königliche Robe und eine Rauschgoldkrone. Onuma erwartete, daß Ikpa, der in einem Wagen saß, der kleiner war als sein riesiger Mercedes, ein wenig Luft abgelassen habe, zumal auch seine geringen Chancen im Wahlkampf wohlbekannt waren.
Aber Ikpa schien, wie stets, von seinem gewaltigen Selbstvertrauen erfüllt zu sein. Der Verlust eines hochgeschätzten Wagens hatte ihn nicht zusammenbrechen

lassen. Diese Tatsache half Onuma ein wenig über die Befangenheit und die Schuldgefühle hinweg, die er empfand, weil er bei der Verbrennung von Ikpas Mercedes zugegen gewesen war. So wie Onuma es sich vorstellte, nahm Ikpa eine Gelegenheit wahr, verlor und war Mann genug, das Resultat als gegeben hinzunehmen. Was die Tatsache betraf, daß Onuma an der Aktion gegen Ikpa teilgenommen hatte, so kam es nur darauf an, daß der Kerl ihn alles erklären ließ, und schon würde er klarstellen, daß er nur per Zufall am Schauplatz gewesen war. Aber Onuma weigerte sich, seine Erklärung gleichsam vor gezogener Pistole zu geben.

Ikpa schenkte Onuma keinen Blick, als dieser sich näherte, sondern schnauzte nur: »Wo ist Udemezue?«

»Was willst du von ihm?« fragte Onuma aus der Defensive heraus.

»Wo ist er?«

»Ich weiß es nicht.«

»Sag ihm, daß sein Sohn ein *alu* begangen hat. Ich werde ihn morgen vor dem Gericht unserer toten Väter anklagen. Das sagst du Udemezue. Sag ihm, daß ich zu seinem *obi* gekommen sei, er aber nicht soviel Höflichkeit besessen habe, daheim zu sein und mir Palmwein anzubieten. Sag ihm, daß ich ihm die Chance gebe, morgen mit mir in den Heimatort unserer Mutter zu kommen und seinen Sohn von dem *alu* zu erlösen.« Und zum Abschluß dieser in gleichförmigem, trockenem Ton vorgetragenen Rede gab Ikpa ein Zeichen, und sein uniformierter Chauffeur fuhr davon.

Onuma fragte sich, warum Ikpa, der doch offensichtlich solchen Groll gegen ihn hegte, sich so viel Mühe machte, um ihm bei der Selbstreinigung zu helfen. Aber Ikpa war ein sehr traditionsverbundener Mensch. Er war genauso davon überzeugt, daß Onumas mutmaßlicher Betrug eines Bruders eine Sünde gegenüber der Erde war, wie davon, daß es seine Pflicht sei, ihn davon in einer Versöhnungszeremonie zu befreien. Als Onuma sich in das Haus zurückbegab, besprach er die Angelegenheit mit seiner Mutter. Sie sagte es dem Vater und riet ihm, an der Zeremonie teilzunehmen.

»Warum soll ich hineingezogen werden?« sagte Udemezue. »Ich bin kein Mitglied eurer Familie.«

»Wird es dir zuviel sein, hinzugehen und deinen Schwager gelegentlich auch einmal zu treffen?«

Udemezue schnüffelte eine Weile nachdenklich, dann entschied er sich, nicht zu gehen. Oliaku nannte er keinerlei Begründung, aber innerlich kam er zu dem Schluß, daß er nicht in politische Streitereien hineingezogen werden wollte. Außerdem, so sagte er sich, war der Schwager, in dessen Haus die vorgesehene Beilegung stattfinden sollte, ein wertloser Mensch.

Er war sehr darauf bedacht, nicht zu Haus zu sein, als Ikpa am nächsten Tag nach ihm verlangte.

16

Dies könnte tatsächlich eine gute Gelegenheit sein, dem Alptraum meines Aufenthaltes in Aniocha ein Ende zu bereiten, dachte Onuma. Ein Ende mit einer einfachen altmodischen Zeremonie. Er und Ikpa würden die *igbandu*-Zeremonie feiern, in der Verwandte einander Treue und Ergebenheit gelobten.

Für sehr viele Leute war sie aus der Mode gekommen. Aber für andere, wie Ikpa, hatte sie immer noch Kraft.

Onuma, der den Lebensformen des Dorfes mit seiner Lethargie, seiner Faulheit, seinem satten Konservatismus entfremdet war, beneidete Ikpa um die leichte Anpassungsfähigkeit an wunderliche alte Bräuche.

Ikpa hatte ein gutes Gedächtnis für alle Festtage, und er dachte immer daran, seinem Onkel die vorgeschriebenen Geschenke zu schicken. Natürlich spielte da auch etwas politische Rückversicherung mit hinein, aber es bestand nicht der geringste Zweifel, daß Ikpa wahrlich stolz auf seine Verwandschaft mütterlicherseits war. Als Antwort vergötterten sie ihn beinahe. Um seine Hupe und seinen königlichen Schwanzwedel woben sich in den Dörfern Legenden. Onuma erhoffte sich von der Zusammenarbeit mit ihm, daß er die Methoden studieren könne, mit denen Ikpa die Herzen dieser einfachen Leute gewonnen hatte. Diese Aussicht bestärkte ihn in seiner Wohlgesonnenheit, die er an diesem Tag für ihn empfand. Seine Entscheidung, in die Stadt zurückzukehren, hatte die lähmende Last vertrieben, die ihm das Dorf stets auferlegte.

Die Teilnahme an politischen Kampagnen war eine Übung geworden, zur Ader zu lassen, und Onumas Abneigung hatte eine Phase erreicht, wo sie ihn zum Handeln treiben konnte. Glücklicherweise war in den letzten Wochen eine Menge Geld in seine Hände gelangt, so daß er sich in die Stadt begeben und dort ordentlich etablieren konnte.

»Onkel wird sich morgen freuen«, sagte Onuma, als er später am Abend in der Hütte seiner Mutter saß.

»Freuen ist ein zu schwaches Wort«, antwortete Oliaku. Dann hielt sie mit dem Zerstoßen der Yamswurzeln inne, schnitt eine Fratze und machte vor, wie ihr Bruder ihm am nächsten Tag für seine Geschenke danken werde.

Onuma und der kleine Philip begannen schallend zu lachen. Oliaku war eine der besten Schauspielerinnen, die er je kennengelernt hatte. Aber ihre dramatischen Talente gelangten selten durch ihr ruhiges Äußeres ans Tageslicht.

Als Onuma sie beobachtete, wie sie geduldig ihrer Hausarbeit nachging, bewunderte er das seltsame Mysterium der Liebe, der Geduld und des Verzeihens, das seine Mutter darstellte. Und wie er ihr zusah, kehrte dieses Gefühl zurück, sowohl in Form des Traums wie der Erinnerung.
Er träumte wieder von jener Erfahrung, die am deutlichsten in seinem Herzen eingeprägt war. Er mußte damals wohl gerade zehn gewesen sein. Sein Vater war an den Pocken erkrankt. So mächtig er auch war, er wurde doch behandelt wie jeder andere, der von der gefürchteten Krankheit befallen war: Sie isolierten ihn in der Wildnis. Ein Mann, der die Krankheit bereits hinter sich hatte und als immun galt, war angewiesen, dem Kranken Nahrung und Trinken zu bringen. Aber ob es Sorglosigkeit war oder kriminelle Absicht, jedenfalls war der Bursche drei Tage lang nicht in die Wildnis gegangen. Am vierten Tag wurden sie kurz nach Mitternacht vom Gebrüll, das dem eines wilden Tieres glich, aus dem Schlaf geweckt.
»Wer ist da?« rief die Mutter. Aber die Finsternis war so dicht, daß man nichts sehen konnte.
Die Mutter jedoch wußte bereits Bescheid und begann bitterlich zu weinen. Es war der Vater. Er hing dort draußen, beinahe ein Gespenst, und ließ höchst ungerechte Verwünschungen gegen sie los. Schließlich verklang die Stimme in der Dunkelheit. Die Mutter lag wie zerschmettert da, doch währte dieser Zustand nur eine kleine Weile. Dann erhob sie sich, raffte alles an Nahrung, was im Hause war, zusammen, sah der Möglichkeit, sich die gefürchtete Krankheit zu holen, mutig ins Auge und brach in die Wildnis auf. Sie brachte ihm so lange Nahrung hin, bis er völlig genesen war. Doch es war äußerst merkwürdig, daß dieses Erlebnis keinerlei dauerhafte Wirkung auf seine

Mutter zu haben schien. Sie blieb gegenüber den Nachbarn stets die gleiche, die jederzeit bereit war, den nörgelnden Weibern ihrer Sippe etwas von ihrer ruhigen Zuneigung zu schenken. Was jedoch den Vater betraf, so vertiefte der Vorfall sein Mißtrauen und seine Verachtung gegenüber seiner *umunna* noch.
Auf dem Weg zurück in sein Zimmer hatte Onuma das Verlangen, seiner Mutter zu sagen: »Ich danke dir, ich danke dir für deine Güte und deine unerschöpfliche Liebe.« Doch was er statt dessen tatsächlich sagte, war: »Mutter, bete für mich.«
»Für dich beten?« Sie verstand nicht.
»Laß nur, Mutter. Mag der Tag dämmern.«
»Wir sind alle in Gottes Hand«, sagte sie und betete schließlich.

17

Ikpa war ein wenig verdutzt, als er merkte, daß sich Udemezue nicht mit ihnen zum *igbandu* begeben würde. Aber das war für ihn kein Hindernis. Das einzige, was er zu Onuma und dessen Mutter sagte, war: »Die Udemezue-Familie wird viel Antwort zu geben haben, wenn der Tag des Gerichts kommt. Steigt in den Wagen, ihr beiden.«
Onuma nahm vorn neben dem Fahrer Platz, während sich Oliaku glücklich neben ihrer Schwester Adu hinten niederließ. Sie hatten über so vieles zu sprechen, und während Ikpa seinen königlichen Schwanzwedel vor den zu seiner Huldigung sich versammelnden Menschenmengen flattern ließ, beredeten sie die häuslichen Probleme von Adus verheirateter Tochter, deren beide Kinder gerade alt genug waren, die höhere Schule zu besuchen.

Mbamili war lediglich eine Meile entfernt. Unmittelbar am Rande des Ortes bog ihr Weg als holpriger Pfad, der von den letzten Regenfällen ausgewaschen war, von der Landstraße ab. So besorgt der Fahrer auch mit dem Wagen umging, mußte dieser doch fürchterliche Schläge hinnehmen, als er durch die zahlreichen Furchen stuckerte. Schließlich blieb er ächzend neben einem heruntergekommen aussehenden Gehöft stehen.

Als folgte er einem wohlausgearbeiteten Verfahren, ließ der Fahrer die Hupe erschallen.

»Du bist es!« brüllte Nweze, der aus dem Gehöft trat.

»Wo ist unser Vater?« fragte Ikpa.

»Er kommt gleich raus.«

»Nein, laß ihn drin bleiben. Wir kommen, um uns vor ihm zu verneigen.«

Der Fahrer hatte bereits mit übertriebenem Eifer die Wagentüren geöffnet, und die Mitfahrenden stiegen aus.

Ikpa schritt voran, ließ seinen Wedel flattern und hielt nach möglichen Anhängern Ausschau. Aber das Dorf schien eigentümlich verwaist zu sein. Das Heim ihrer Vorfahren, zu dem Ikpa und Onuma ihre Pilgerfahrt lenkten, hielt sich kümmerlich am Leben. Die Außenmauern waren schon nichts mehr als ein paar Zentimeter zerkrümelter Erde. Dahinter starrten zwei kleine Hütten hinaus in eine unsichere Welt.

Eine buddhaähnliche Gestalt, eingehüllt in riesige Fleischmassen, herrschte über eine Anzahl von Hausgöttern. Nweze brüllte ihm zu: »Vater, dein großer Sohn ist nach Haus gekommen.«

Der Buddha nickte den Besuchern schweigend zu.

»Okike, ich grüße dich«, sagte Adu.

Okike wandte seine großen Augen seinen beiden Schwestern zu.

Aus der Art seiner Begrüßung konnte man schließen, er sei stumm. Aber dieses Schweigen gehörte völlig zu den ihn kennzeichnenden Zügen. Von Jugend an hatte er kaum mehr als ein Dutzend Worte am Tag gesprochen. Er war das älteste noch lebende männliche Mitglied der Familie, aus der Oliaku und Adu stammten. Und sein kärgliches, leeres *obi* mit den zerbröckelnden Außenmauern ließ leicht erkennen, daß er zu jener Art Leute gehörte, die ein Mensch mit Selbstachtung verabscheuen würde.

Aber zu jedermanns Überraschung schien Ikpa einen nicht geringen Respekt, ja sogar Verehrung für ihn zu hegen. Es hatte den Anschein, daß Ikpa in seiner Suche nach den tiefen Wurzeln bei Okike Fuß gefaßt hatte. Für ihn, der den Vater schon in jungen Jahren verloren hatte, schien der Alte eine Art Stellvertreter zu sein. Sooft er durch Mbamili kam, pflegte er dem Vater des Schweigens seine Aufwartung zu machen und ihm kostbare Geschenke zu bringen. Und da war noch etwas, was ihn mit seinem Onkel verband. Okike schien tief und durch und durch von dem wahren Geist der alten Bräuche erfüllt zu sein. Wenn er die Litanei irgendeines Rituals vortrug, war seine Erinnerung fehlerfrei, und er geriet nie ins Stottern. Er war für Ikpa letztlich das einzige noch lebende Verbindungsglied zu einer Religion, die seines Wissens etwas Wesentliches zu sagen hatte. Und deshalb brachte Ikpa Onuma zu ihm.

Vor den Göttern und Vorfahren hatten Onuma und Ikpa einander Liebe und Treue zu geloben. Okikes Bürgschaft war die einzige, die Ikpa als Bindung akzeptieren würde. Bevor die Zeremonie begann, gab Ikpa dem Fahrer ein Zeichen, der daraufhin nickte, sich zum Wagen begab und aus dem Kofferraum einen fetten Hammel holte, den Ikpa Okike feierlich überreichte.

»Willkommen«, brüllte Nweze, der ohnehin die Gespräche für seinen Vater führte.

Inzwischen versammelten sich eine Anzahl Freunde und Verwandte im *obi*, das bald überfüllt war. Ein oder zwei Männer versuchten Ikpa in der alten, stürmischen Art zu umarmen, die sie aus der Zeit gewohnt waren, als er noch kein Häuptling war. Er hielt sie sich dadurch vom Leibe, daß er seinen Schwanzwedel schwenkte. Daraufhin zogen sich die Bauern verwirrt zurück.

»Laßt uns mit dem *igbandu* fortfahren«, sagte Ikpa. »Vor unseren Vätern, die im Land der Geister wohnen, klage ich diesen Jungen des *alu* an ... Ja ...« Ikpa wagte jedem beliebigen zu widersprechen. »Mit den Leuten des Eze zusammenzuarbeiten ist ein *alu* ... Ich habe ihn hierhergebracht, damit er gereinigt werde. Und er ist glücklich darüber, daß er mich hat, der ihn aus dem Unglück befreit. Vater Okike, ich verneige mich vor dir.« Ikpa legte die bestickten Gewänder und den Wedel ab, überreichte sie dem Fahrer und kniete nieder. Der Buddha verband sie feierlich miteinander.

Nach Schluß der Zeremonie stürzten sich die Bauern begierig in das sich anschließende Fest. Zwei Alte hatten eine heftige Auseinandersetzung, in der es darum ging, welcher der Vorfahren in Ikpa wiedergeboren sei.

»Er ist haargenau sein Großvater«, sagte der erste Alte. »Sieh dir die Form seiner Augen an.«

»In unserer Familie gab es nur einen, der so strahlend war wie er, und das war Agu, sein erster Onkel.«

»Aber Agu war noch nicht gestorben, als dieser Junge geboren wurde.«

»War er doch«, sagte Adu ruhig. »Er kam genau zehn Monate nach Agus Tod zur Welt.«

Ikpa hatte seine Gewänder wieder angelegt und sagte, daß er losführe.
Alles zeigte sich bestürzt.
»Das kannst du nicht«, brüllte Nweze. »Verstehst du. Du bist in der Heimat deines Vaters, und da wirst du bleiben.«
Ikpa ignorierte diese Worte. »Kommt, Frauen«, sagte er. Dann nahm er Onuma beim Arm und führte ihn hinaus, als gehörte dieser nach dem Gelöbnis ihm.
Die beiden Mütter begaben sich bis zu dem Wagen, dann weigerte sich Oliaku weiterzugehen.
»Wir können so nicht gehen. Es ist zu schlecht.«
»Nichts ist schlecht«, sagte Ikpa und stieg ein.
»Etwas ist schlecht, Jungs«, sagte Oliaku.
»Ja, wir können nicht fort«, bemerkte Adu.
»Nun gut, dann bleibt ihr Frauen eben. Ich schicke euch morgen den Fahrer, der wird euch abholen.« Und mit lautem Hupen glitt der Wagen davon.
Nachdem der Wagen den Buschpfad wieder glücklich hinter sich gebracht hatte und eben auf die Landstraße einbiegen wollte, rollte ein großer Pontiac in Richtung Aniocha vorüber. Drinnen winkten zahlreiche Hände. Ikpa winkte glücklich zurück. Der Pontiac verlangsamte das Tempo und ließ den Peugeot herankommen. Als sie Seite an Seite standen, erhob sich aus den Tiefen des Fonds die riesige Gestalt des Eze.
»Meine Knie berühren die Erde«, grüßte Ikpa und verbeugte sich gekünstelt.
»Du Schuft«, sagte der Eze. »Was machst du in der Nähe meines Heimatorts?«
Sie umarmten sich glückstrahlend, dann wies Ikpa gleichgültig auf Onuma. »Du kennst meinen Bruder?«
Der Eze lächelte. »Ja, ich kenne ihn. Ich kenne ihn

sehr gut. Wollen wir zu mir zurückfahren. Das hier verlangt nach einem scharfen Schluck.«
»Danke«, sagte Ikpa. »Wir haben zu arbeiten. Du weißt, daß du keine Chance gegen mich hast.«
»Ich weiß.« Der Eze von Isu lächelte finster. Dann, mit einem Augenblinkern: »Gut, dann feiern wir nach der Wahl.«
»Ja, das ist genau der richtige Zeitpunkt.«
Sie schüttelten sich kräftig die Hände, beides erfolgreiche Männer.

18

Soweit es Onuma betraf, war die Zeremonie kein Erfolg gewesen. Er erinnerte sich, daß ihn die schwankende Haltung seines Onkels und die unverschämte Raffgier der Bauern besonders beleidigt hatten. Während getrunken wurde, hatte er sich einmal nach draußen begeben, um sich am Kohlenfeuer eine Zigarette anzuzünden, weil ihm die Streichhölzer ausgegangen waren. Und er hatte einen der ergreifenden Anblicke erlebt, wie sie in den Dörfern häufig sind: ein Schwarm trommelbäuchiger, nackter, durchtrieben aussehender Kinder balgte sich um einen Lehmtopf voll Opfersuppe. Seine Tante, eine pockennarbige, von Wanzen geplagte alte Frau, beaufsichtigte sie, schimpfte laut mit den Bälgern und knuffte sie. Onuma war vor diesem Anblick geflohen, ohne sich Feuer geholt zu haben.
Wenn nur einer die Mittel hätte, solche Anblicke für alle Zeit auszurotten. Aber was würde es kosten, diese Massen von hungrigen Mäulern zu füttern? Und ihre Geschwister in anderen Ländern? Onuma wurde von einem tiefen Gefühl der Hilflosigkeit überwältigt. Es

war ihm ein Trost, zu wissen, daß er bald all das hinter sich lassen würde.
Das *igbandu* war auch aus einem anderen Grunde ein Fehlschlag gewesen: Onuma hatte genau gesehen, daß es Ikpa nicht viel bedeutete. Ikpa glaubte nicht an das *igbandu,* hoffte aber, daß Onuma es täte und er dadurch ein Mittel in der Hand hätte, ihn zu gebrauchen. In Ikpas Spiel mit dem Eze war Onuma nur eine Figur. Nun, das war jetzt alles vorüber. Er hatte sein Schicksal in die eigene Hand genommen. Er würde von neuem tätig sein. Aber der Eze war nett zu ihm gewesen, folglich sollte er jegliches Mißverständnis zwischen ihnen aufklären. So entschloß er sich, am nächsten Tag nach Isu zu gehen.
Später am Abend kam ihn der Magier besuchen und tat sich sehr wichtig.
»Bist du beim Eze gewesen?« fragte er.
»Nein.«
»Er sagte mir, daß er dich gern sehen würde.« Der Magier war tatsächlich im Laufe des Tages in Isu gewesen und hatte Bestechungsgelder für die Ältesten von Aniocha einkassiert. Eingedenk der Rolle, die Onuma bei einer früheren Gelegenheit gespielt hatte, hatte er ihn diesmal aus dem Geschäft herausgelassen und war mit dem Albino allein gegangen. Nachdem das Geld ausgeschüttet worden war, hatte Eze den Magier beiläufig nach seinem Freund, Udemezue Ukudos Sohn, gefragt.
»Warum ist er nicht mit dir mitgekommen?«
Der Magier hatte zögernd Luft geholt, als widerstrebe es ihm, einen Freund zu verpetzen, und dann geantwortet: »Onuma? Nun, der ist mit seinem Vetter gegangen.«
»Ikpa?«
»Ja.«
»Was macht er denn für ihn?«

»Das weiß ich wirklich nicht.«
»Ist er sein Agent?«
Der Magier lächelte, als sei die Antwort auf die Frage zu offensichtlich.
»Der Eze muß wirklich was Großes für dich haben«, erzählte er Onuma hinterher.

19

Onuma traf spät am Abend ein, parkte den Volkswagen im Vorhof und ging, mit den Schlüsseln in der Hand klimpernd, die Stufen hinauf. Oben auf dem Treppenabsatz begegnete er Kabu-Kabu und grüßte ihn. Der feine Herr senkte sein Haupt traurig. Das innere Privatgemach des Eze wurde vom Gorilla bewacht, der ihn wortlos passieren ließ.
Der Eze begrüßte ihn ungewöhnlich leutselig. »So, Bruder, Ikpa ist dein Vetter?«
»Ja, das ist er.«
»Du willst uns verlassen?«
»Nun, nicht in dem Sinne, wie du vielleicht meinst. Du verstehst doch ...«
»Du solltest weggehen. Ikpa ist dein Bruder.«
»Das kümmert mich gar nicht. Aber natürlich ...«
»Nein. Aber du solltest zu deinem Bruder gehen.« Er rief zu Kabu-Kabu hinaus: »Er verläßt uns.«
»Aber du verstehst das alles nicht. Ich arbeite gern hier. Es ist nur ...«
Der Eze lächelte. »Ja, mach dir um dich keine Sorgen. Wir werden schon jemand finden, der dich ersetzt. Er wandte sich mit einer Geste, die Entlassung bedeutete, ab. Onuma erhob sich lächelnd und schritt hinaus. In dem Moment, da er durch die Tür trat, streckte Kabu-Kabu die Hand aus.

»Was ist?« fragte Onuma.
»Die Schlüssel«, sagte Kabu-Kabu mißmutig.
Onuma übergab ihm schweigend die Schlüssel für den Volkswagen.
In dem Augenblick, als er dies tat, tauchten aus allen Richtungen Hände auf und packten ihn. Die lebhafteste Erinnerung waren hinterher die kaum menschlichen Augen des Gorillas, die vor Blutgier glühten und sich in ihn hineinbohrten.
Nach einer Ewigkeit des Schmerzes wurde er hinausgezerrt und mit Fußtritten die breite Treppe hinunterbefördert.
Er konnte sich nicht erinnern, wie er blind die ganzen fünf Meilen zurück nach Aniocha gelaufen war.
Als er am nächsten Tag aufwachte, schmerzten ihm am ganzen Körper die Brüschen. Er hatte das Gefühl, als sei er in Stücke gehauen und, jede Wunde einzeln, mit Pfeffer eingerieben worden. Er hatte das dringende Verlangen, nach Hilfe zu rufen, doch er wußte, daß niemand in der Nähe war. Nur seine Mutter hatte ihn zu Gesicht bekommen, als sie ihm das Frühstück brachte. Noch leicht benommen, hatte er gehört, daß sie das Tablett fallen ließ. Dann war eine Pause eingetreten, in der sie ihn wahrscheinlich angestarrt hatte. Schließlich war sie gegangen, weil sie wohl zu der Ansicht gelangt war, daß er betrunken sei. Er öffnete den Mund, um nach ihr zu rufen, aber die Worte wollten nicht kommen.
Die Worte, die kamen, waren eine verwirrte Version der christlichen Ermahnung: *Tu anderen, was du möchtest, daß andere dir tun.* Manchmal wurde daraus *Tu dir, was du möchtest, daß andere sich tun* oder *Tu anderen, bevor sie dir etwas tun.* Die Worte tanzten durch sein schmerzzerrüttetes Gehirn, schossen Kobolz und ordneten sich wieder wie der Schriftzug in einem

Fernsehwerbespruch. *Tu anderen, bevor sie dir etwas tun.*

Nach einer Weile erlosch, barmherzigerweise, in seinem Geist alles.

Als er wieder zu sich kam, hatte der Schmerz nachgelassen. Und innerlich war er sich einer einzigartigen Klarheit der Erkenntnis bewußt, wie sie angeblich dem Tod vorangeht.

Der Sinn seines Lebens, vor allem in den letzten Monaten, hob sich scharf ab samt allen Phasen, die er auf dem Weg vom Star mit ungeheurer Berufung und Kraft zum nichtigen disponiblen Statisten durchgemacht hatte.

Als er sich selbst wie von außen betrachtete, entdeckte er einen Mann, der vor langer Zeit sein Gefühlskapital verschwendet hatte und nun auf Kredit lebte. Und er hatte auch nicht klugerweise etwas in Gefühlsbande investiert, die im Augenblick der Not in klingende Münze verwandelt werden konnten. Statt in dauerhafte Werte zu investieren, hatte er in vergänglichen angelegt. Folglich suchte er in der Krise nach einem geistigen Halt, der nicht da war.

Alles, was ihn zu einer Persönlichkeit gemacht hatte – seine unbedingte Rechtschaffenheit, seine Treue, seine Liebe zu den Menschen, sein Mitleid –, war mangels Übung geschrumpft. Auf der Jagd nach Eintagsfliegen hatte er es vernachlässigt und geringgeschätzt, menschliche Wesen zu veredeln. Eine unaufhaltsame allmähliche Entfremdung war eingetreten, bis er den Kniff verlernt hatte, wie man Beziehungen zu ihnen herstellt.

Auch die Lähmung des Willens, die ihn ganz am Ende seiner seelischen Krise übermannt hatte, war symptomatisch für den Bankrott der Leidenschaft. Denn menschliches Handeln ist letztlich die Frucht der Leidenschaft. Wille ist eine Anhäufung von Leidenschaft. Wenn die Leidenschaft aufgebraucht ist, zerfließt der Wille, und jegliches Handeln wird schwach sein oder unmöglich.

Also gut, er würde seine Prioritäten wieder in die rechte Ordnung bringen.

Eine andere Art Idylle finden, die er lieben und um die er sich kümmern könnte. Noch einmal beginnen. Und alles wird wieder gut werden.

Onuma fühlte sich wieder glücklich, als er ein neues Leben in Lagos überdachte. Seine Wohnung und seine Besitztümer würden noch als Basis dienen können, von der aus er ein neues Leben anfangen konnte. Freitag würde sich schon darum gekümmert haben ... Freitag war ehrlich oder ein Faulpelz. Alles wird gut werden.

Er sank in einen ruhigen, glücklichen Schlaf. In den frühen Abendstunden weckte ihn ein scharfes, herrisches Hupen. Es kam, wie er wußte, von einem Mercedes. Im nächsten Augenblick stand er an dem großen, schweren Tor des Gehöfts und sah tatsächlich einen Mercedes. Heraus stieg der Magier, er winkte strahlend Onuma und marschierte froh und munter auf ihn zu.

»Sie haben mir davon erzählt«, sagte er. »Es war ein entsetzliches Versehen. Ich hab mit dem Eze über dich gesprochen. Er ist ein gütiger Mensch, und ich weiß, daß er dich wieder aufnehmen wird.« Seine Stimme ging in ein Flüstern über. »Wenn du deinen Job wiederhaben willst, könntest du herauszubekommen suchen, was dein Vetter treibt. Der Eze möchte das nämlich wissen. Ich könnte ihm die Nachricht überbringen.« Dann nahm seine Stimme wieder ihren fröhlichen Ton an. »Mit dir geht alles in Ordnung. Ich fahre jetzt nach Isu zurück, komme aber später am Abend noch mal her.« Mit einem munteren Winken begab er sich zum Wagen und fuhr davon.

Onuma kehrte in das Haus zurück und sank auf seinem

Bett zusammen. *Tu anderen, bevor sie dir etwas tun.* Seine Augen wanderten träge zu dem Gewehr, das an der Wand lehnte. Er stand auf, nahm es in die Hand und spielte mit dem Abzug.

Die Sonne begann zu schwinden, die Nacht brauste mit furchtbarer Gewalt auf die Erde los. Onuma nahm das Gewehr, ging hinaus und setzte sich auf den Stamm einer Kokospalme, die ein paar Wochen zuvor gefällt worden war. Die Augen auf den Erdboden gerichtet, brütete er vor sich hin. *Tu anderen.*

Viele Dorfbewohner gingen vorbei, sahen ihn mit dem Gewehr in der Hand dasitzen, blieben ein Weilchen stehen und wunderten sich. Schließlich zuckten sie mit den Schultern und gingen grübelnd weiter. Er war immer seltsam gewesen, seit er zurückgekommen war. Aber sie sollten sich des Gewehres später noch mit dramatischer Lebhaftigkeit erinnern. Auch Udemezue kam vorbei, bemerkte das Gewehr, sagte jedoch nichts und begab sich in das *obi.*

Nur der alte Imedu sah sich zu einer Bemerkung veranlaßt. Er kam an Udemezues Haus vorbei, als er Onuma in seinem wunderlichen Zustand entdeckte. Er blieb stehen, zeigte auf den jungen Mann und stimmte sein »Sohn des *alu,* Sohn des *alu*« an, bevor er weiterwackelte.

Der Magier kam, wie er gesagt hatte, zurück. Es war gegen Ende der Dämmerung. Er hielt einen Moment an, um Onuma zuzurufen: »Es geht alles in Ordnung. Viel Glück.« Onuma rief zurück: »Komm her!« Höchst erstaunlich, der Magier tat es. Er hatte eben die halbe Strecke zurückgelegt, da richtete Onuma das Gewehr auf ihn und schoß. Aber da er sehr schlecht zielte, mußte er sechsmal den Abzug betätigen, bevor er irgendwelche Wirkung bei dem nicht unterzukriegenden Magier erreichte.

Der brach mit einem Blick, in dem sich Triumph und Schrecken mischten, zusammen. Onuma stürzte zu ihm hin, brachte die Autoschlüssel an sich, dann rannte er zu dem Wagen und setzte sich hinter das Lenkrad. Versuchsweise probierte er den Anlasser. Der Motor gab Antwort.

Ein gewaltiges orgastisches Entzücken jagte durch Onumas Körper und rief eine Gänsehaut der Freude hervor. Im Geiste genoß er die Hüften und die Sanftheit der Scham dieser wunderbaren neuen Geliebten. Dann begann er sie zu reiten, und sie bewegte sich mit köstlicher Kunstfertigkeit und sinnlichem Gehorsam, stöhnte leise, gab ihm alles, verweigerte ihm nichts. Er ritt und ritt, trieb sie durch alle erotischen Gangarten, schaukelte sie, bog sie, leckte sie, schwamm in ihr. Tränen der Freude und der Dankbarkeit liefen ihm über das Gesicht. Er fuhr weiter, immer weiter, ohne Ziel. Er war dabei, niemals haltzumachen.

»Eine Weltliteratur ohne afrikanische Literatur ist wie ein Orchester, dem einige Instrumente fehlen.«

Doris Lessing

216 Seiten. SP 1654

Überraschend und sinnlich, witzig und anrührend, aufschlußreich und spannend – so präsentieren sich die Geschichten dieser ungewöhnlichen Anthologie, die zeitgenössische Autoren aus Schwarzafrika vorstellt – viele davon erstmalig auf deutsch.

»Ein Leckerbissen, der Lust auf mehr macht.«

Wochenspiegel